RO

PARTIR EN FAMILLE

Céline Bosal

L'auteur Céline Bosal

Céline a posé ses valises à Rome il y a six ans. Le coup de cœur fut immédiat, tant pour l'atmosphère de la Ville Éternelle que du point de vue sentimental. Depuis, Céline déambule, à pied ou en Vespa, dans les sites historiques, les quartiers typiques, les parcs, les galeries et se laisse charmer par la gastronomie transalpine. Elle collabore également à un blog culinaire : streatit.com.

L'illustratrice lili Bé

lili Bé est une artiste française qui vit à Londres. Elle partage sa vie entre son rôle de maman, son travail d'illustratrice et la tenue d'un blog très drôle (130cartons.com) qui dépeint la vie d'une maman française à Londres. Son talentueux coup de crayon illumine les pages du guide et du livret enfant.

En Voyage Éditions | un département place des éditeurs

PARTIR EN FAMILLE À ROME
4e édition

12, avenue d'Italie – 75627 Paris Cedex 13
Direction Frédérique Sarfati-Romano
Direction éditoriale Didier Férat
Fabrication Céline Premel-Cabic
Imprimé par L.E.G.O. (Legatoria Editoriale Giovanni Olivotto), Italie
Dépôt légal Mars 2016
ISBN 978 28161 54795

Conception et réalisation
Dominique Goldsztejn

Un grand merci à En Voyage Éditions et plus particulièrement à Frédérique Sarfati-Romano pour sa confiance et à Didier Férat pour ses précieux conseils. Merci à toutes les bonnes fées (elles se reconnaîtront) qui m'ont soutenue tout au long de cette aventure. Merci aussi à tous les charmants *bambini* qui se sont prêtés à nos enquêtes sur place. Merci du fond du cœur à toute mon équipe pour me suivre dans toutes mes exigences. Et bien sûr merci à vous lecteurs, qui m'avaient témoigné au cours de ces années remerciements, suggestions et encouragements à continuer et à faire grandir cette collection. Vos messages me touchent énormément et permettent d'améliorer sans cesse la collection, alors surtout continuez à vous exprimer en écrivant à : **commentaires@tfbw.eu**

Coordination
TFBW Éditions
Conception graphique
François Loudenot
Coordination éditoriale
Élise Lejeune, Coraline Borchiellini
Cartographie
Kamisphère
Contributions
Loïc Chauvin, Brigitte Djian, Jean-Marc Foulquier, Michèle Jouineau, Isabelle Petit, Gaëlle Pin, Céline Vadam

Ça y est, c'est décidé, vous allez emmener votre couvée à Rome. Excellente idée !

Nous avons conçu ce guide pour qu'il soit votre partenaire idéal au cours de cette escapade. Il s'adresse aussi bien aux adultes qu'aux petits globe-trotteurs. Musées, attractions, balades, jeux de piste, restaurants, goûters, pique-niques, shopping, hôtels... Tout a été pensé et testé pour répondre aux besoins spécifiques d'une tribu en voyage.

La Ville Éternelle, avec son riche passé vieux de 3 000 ans, est une destination idéale pour un séjour en famille. S'y promener, c'est comme visiter un musée à ciel ouvert ou feuilleter un livre d'histoire. On a l'impression qu'au coin d'une rue un centurion dressé sur son char va soudainement apparaître ! Forum, Colisée, Panthéon, Piazza di Spagna, fontaine de Trevi, Vatican sont autant de noms qui, avant même qu'on ait mis les pieds à Rome, sonnent déjà familièrement à vos oreilles. Mais Rome, c'est aussi les petites ruelles du Trastevere ou du ghetto où il fait bon flâner après la visite de l'un des nombreux musées ou sites historiques.

Rome est la ville des fontaines et des glaciers. Les deux vous apporteront, à leur façon, un peu de fraîcheur lors des chaudes journées d'été. Et si l'envie d'une baignade devient trop forte, alors sautez dans le train ! Les plages ne sont qu'à 1 h de Rome.

On fait quoi aujourd'hui ? Quand est-ce qu'on mange ? Où est-ce qu'on dort ? On fait comment ? Ne cherchez plus, vous avez toutes les réponses entre les mains avec, en prime, un cahier de 24 pages de jeux pour vos lutins.

Allez, hop, c'est parti !

SOMMAIRE

ROME

Où quand comment ?

Un peu d'histoire

Prenez votre glaive avec vous, on ne sait jamais, et amusez-vous avec l'histoire de la ville de Rome. Un long chemin depuis les sept collines à peine peuplées.

La naissance de Rome

Entre deux persécutions, trois assassinats et quatre guerres, ça ne rigolait pas dans la Rome antique ! La légende voudrait que la ville ait été fondée par les descendants d'Énée, le Troyen. Suite à des rivalités pour le trône (ça commence bien !), les deux enfants héritiers, **Romulus** et **Remus**, furent abandonnés dans un panier dérivant sur les flots du Tibre. Les deux frères furent recueillis et allaités par une louve, dans une grotte de la colline du Palatin. Oui, une louve. À n'en pas douter, les dieux veillaient sur eux. À l'âge adulte, les deux frères entrèrent en compétition pour savoir lequel des deux fonderait Rome. Romulus fut désigné par Jupiter, mais tua son frère Remus, donnant ainsi un très mauvais exemple à bien des empereurs qui suivirent. On est en 753 av. J.-C.

Les historiens ont une **autre version** de la fondation de Rome. Selon eux, vers le VIIIe siècle av. J.-C., près du Tibre, se trouvaient quelques petits villages, sans doute fortifiés, situés essentiellement sur les collines du Palatin, du Quirinal (où vivaient les Sabins), du Viminal, de l'Esquilin, du Capitole, du Caelius et du Janicule (où vivaient les Étrusques). Et voilà ! Nous en avons profité pour vous citer le nom des sept collines de Rome ! Il semble que ce sont les Étrusques qui fédérèrent les villages existant sur les collines.

L'enlèvement des Sabines

Selon la légende, Romulus fonda Rome sans présence féminine. Pour se procurer des épouses, ce rusé prétexta une grande fête pour faire venir ses voisins (Sabins et Albains). Tandis que la fête battait son plein, lui et ses hommes en profitèrent pour enlever les Sabines. Une guerre s'ensuivit. Après la réconciliation, grâce aux Sabines, ils ne formèrent plus qu'une seule nation.

La royauté (753-509 av. J.-C.)

Pour que tous ces braves gens si différents s'entendent, il a fallu une organisation claire et équilibrée de cette nouvelle société hétéroclite. Ainsi est née la démocratie romaine avec **un roi** à sa tête. C'est au cours de la royauté que furent établies les bases de l'unité et du fonctionnement de la société romaine. Mais les Romains se trouvèrent bien vite à l'étroit entre leurs sept collines. Ils se rendirent alors maîtres des autres territoires alentour. Peu à peu, les villages s'urbanisèrent et se transformèrent en une seule et même ville : Rome. Les derniers rois romains furent les Tarquins (des Étrusques) jusqu'en 509 av. J.-C.

La République (509-27 av. J.-C.)

Le dernier roi, Tarquin le Superbe, devenu trop tyrannique, fut renversé. Le gouvernement d'un seul homme tout-puissant fut peu à peu remplacé par l'autorité d'un **ensemble de magistrats et de sénateurs**, davantage représentatifs de la population : la République. Nous vous épargnons les guerres qui ont permis de conquérir de nouveaux territoires. Assez rapidement, Rome domina presque toute l'Italie actuelle, puis finalement tout le pourtour de la Méditerranée.

À l'inverse, il faut croire que les peuples ne tenaient pas en place à cette époque, Rome fut saccagée par les Gaulois de Brennos, en 390 av. J.-C. Cette invasion est la seule défaite, disons même déroute, des soldats romains durant la République.

Le code secret de César

Lorsque César voulait envoyer un message et être sûr qu'il reste secret (sauf de son destinataire), Il le codait en remplaçant chaque lettre par une autre, en la décalant de trois lettres. Ainsi la lettre A devenait un D, le L un O, et ainsi de suite pour toutes les lettres du message à coder.

Et après cette invasion, croyez-vous que les Romains se seraient tenus tranquilles à essayer de vivre en harmonie chez eux ? Pas du tout. On assiste à d'innombrables révoltes et complots intérieurs. Tenez, par exemple, **Jules César**. Il fut nommé dictateur à vie par le Sénat mais fut assassiné la même année (44 av. J.-C.). Ce fut alors la guerre civile pour sa succession, jusqu'au triomphe d'Octave. Il imposa un régime politique fort pour mater les troubles incessants de ces dernières années et devint le **premier empereur romain**, sous le nom d'Auguste.

Le 17 porte malheur

En Italie, ce n'est pas le vendredi 13 qui porterait malheur mais le 17. Pourquoi ? Parce qu'en chiffres romains, 17 s'écrit XVII, ce qui est l'anagramme de VIXI qui signifie en latin "J'ai vécu" et donc par extension "Je suis mort". On évite d'être 17 à table, il n'y a pas de chambre 17 dans les hôtels en Italie.

L'Empire (27 av. J.-C.-476 apr. J.-C.)

Les successeurs de César accaparèrent tous les pouvoirs. On ne parle plus de République mais d'Empire romain. C'est une période d'expansion du territoire et de développement de la ville. À mesure que la population augmentait, les Romains édifièrent des aqueducs, de nouveaux forums, des stades, des thermes. La République a compté jusqu'à 1 million d'habitants ; l'Empire, entre 50 et 80 millions.

Mais l'Empire était trop vaste. Il finit, en 395, par être divisé en deux : l'**Empire romain d'Occident** (à l'ouest de la mer Adriatique, l'Afrique du Nord et l'ancienne Yougoslavie) et l'**Empire romain d'Orient** ou Empire byzantin (à l'est de la mer Adriatique, le Moyen-Orient, et l'Égypte). L'empereur **Constantin** fut le premier empereur chrétien et créa une seconde capitale dans l'empire d'Orient (Constantinople) à la place de Byzance. Peu à peu, le christianisme devint religion d'État.

La chute de l'Empire romain (476)

Mais pendant ce temps-là, d'autres peuples convoitaient les richesses de l'Empire romain. En 410, Rome est pillée par les Wisigoths d'Alaric Ier. En 452, ce sont les Huns d'Attila qui déferlent. En 476, les Vandales se rendent maîtres de Rome. Bientôt, une grande partie du nord de l'Italie cède sous les Lombards. On entre peu à peu dans une période trouble et décadente, loin, bien loin des valeurs antiques.

Moyen Âge (476-XVe siècle)

Au Moyen Âge, la grandeur de Rome n'était plus qu'un vague souvenir. Pire même. La Rome chrétienne se mit à haïr la Rome antique, ses nombreux dieux et leurs temples. Les lieux antiques furent abandonnés. Les monuments antiques servirent de carrière pour des constructions nouvelles. Le Forum, vidé de ses marbres, de ses statues et de ses colonnes, était devenu un terrain vague, abandonné aux vaches et aux moutons. Peu à peu émergea un nouveau pouvoir, celui du pape.

Renaissance et baroque (XVe-XVIIIe siècles)

À partir du XVe siècle, Rome se releva de l'obscurantisme et se développa, tant économiquement que culturellement. La **basilique Saint-Pierre** fut reconstruite. Michel-Ange dessina la place du Capitole et peignit les fresques de la chapelle Sixtine du Vatican.

Avec lui, Raphaël, le Bernin, Borromini firent de Rome une référence incontournable en matière artistique : embellissement de la Piazza Navona,

création de la fontaine de Trevi, édification des palais du Quirinal (siège de la présidence de la République italienne), le palais Farnèse (siège de l'ambassade de France), le palais Barberini, le palais Chigi (siège du gouvernement italien). De nouveau, l'Europe tourna les yeux vers Rome.

Les temps modernes

Lentement et non sans mal, l'unité italienne se dessina. En 1861, l'Italie fut unifiée et, en 1871, Rome devint la capitale du royaume d'Italie. Plus tard, Mussolini entreprit de donner de l'éclat à la ville. On bâtit le Vittoriano, monument à Victor-Emmanuel II (roi d'Italie). La ville se modernisa, certains quartiers furent restructurés (comme l'EUR, créé à l'occasion de l'Exposition universelle de Rome, en 1942, et qui finalement n'eut pas lieu). C'est seulement en 1946 que la république fut proclamée avec Rome pour capitale. La population de Rome est passée de 138 000 en 1825 à 2,8 millions en 2015. Avec le jubilé de l'an 2000, la ville a entrepris des grands travaux d'embellissement et de restauration de ses musées. Rome est une ville de référence en matière culturelle. Son très riche passé surgit du sol à chaque fois que l'on tente de faire des travaux de fondations (creusement pour le métro, bâtiments, canalisations...). Néanmoins, ces dernières années, elle connaît un nouvel élan en matière d'architecture contemporaine avec la construction d'un centre des congrès, d'un musée d'art contemporain et d'un stade. Rome va accueillir des millions de pèlerins pour le nouveau jubilé extraordinaire consacré à la miséricorde qui aura lieu du 8 décembre 2015 au 20 novembre 2016.

Top 10 des empereurs

Voici les empereurs qui ont marqué le plus l'histoire de Rome. En témoignage de leur esprit bâtisseur, ils ont laissé derrière eux des monuments dont on voit encore des traces aujourd'hui.

Jules César (60-44 av. J.-C.)
Pas vraiment empereur, plutôt nommé dictateur à vie durant la République, mais il a tracé la voie aux futurs empereurs. Ce grand général étendit le territoire de Rome et organisa le pays.
On lui doit le Forum de César, l'arc de triomphe dans les forums impériaux.

Auguste (27 av. J.-C.-14 apr. J.-C.)
Il fit édifier le Panthéon et construire des aqueducs. On parle de siècle d'Auguste, une sorte de siècle d'or.
On lui doit le Panthéon.

Néron (54-68)
On se souvient surtout de lui pour l'assassinat de sa propre mère, de sa femme et pour le grand incendie de Rome. Pas très fréquentable!
On lui doit la Domus Aurea.

Titus (79-81)
Il termina le Colisée commencé sous le règne de son père Vespasien et conclut victorieusement la guerre de Judée en prenant la ville sainte de Jérusalem et en détruisant le Temple.
On lui doit l'arc de triomphe au Forum romain.

Quel trafic !
De nos jours à Rome le trafic routier est si important que la ville a dû interdire le centre-ville aux véhicules (sauf livreurs et riverains). Eh bien, du temps de César aussi ! Une loi, préparée par César et votée juste après sa mort, interdisait aux véhicules d'entrer dans le centre de la ville, sauf les chars de procession et les charrettes d'entrepreneurs.

Trajan (98-117)
Il créa un nouveau forum, des marchés et développa le port d'Ostie. C'est sans doute l'empereur qui a le plus conquis de territoires.
On lui doit le forum et les marchés de Trajan dans les forums impériaux.

Hadrien (117-138)
Cet homme cultivé arrête l'expansion territoriale, réforme le droit et se révèle un grand bâtisseur.
On lui doit le mausolée devenu le château Saint-Ange, la reconstruction du Panthéon, la villa Adriana.

Caracalla (198-217)
Il assassina son frère Geta. Pas très fraternel ! Guerrier, par nature et par nécessité. C'est le fondateur des thermes qui portent son nom.
On lui doit les thermes de Caracalla.

Dioclétien (284-305)
Il a marqué l'histoire car c'est le dernier empereur à avoir persécuté des chrétiens. Il a aussi bâti des thermes qui portent son nom.
On lui doit les thermes de Dioclétien.

Constantin (306-337)
Premier empereur converti au christianisme. Il changea le nom de Byzance (en 330) en Constantinople pour en faire la Rome de l'Empire d'Orient. C'est aujourd'hui Istanbul, la capitale de la Turquie.
On lui doit l'arc de triomphe à côté du Colisée.

Trajan le bâtisseur
Trajan est le premier empereur romain né hors d'Italie (en Bétique, l'actuelle Espagne). C'est comme si nous avions un Anglais ou un Grec pour président. Mais cela ne gênait pas les Romains. Il fit construire un nouveau forum sur une colline. Pour rendre la surface plane, on dut retirer une hauteur de 40 m de terre, c'est-à-dire à peu près la hauteur du Colisée ou d'un immeuble de dix étages.

Vivre comme des Romains

Les Romains vivent quotidiennement avec la grandeur de leur passé, mais ils ont aussi de petites habitudes gourmandes, amusantes, pratiques ou parfois, avouons-le, un peu agaçantes.

Manger *un gelato*

La *gelateria* est une institution en Italie et Rome passe pour avoir les meilleurs glaciers du pays. C'est un petit plaisir qu'un Romain ne se refuse jamais, en été comme en… hiver. Il y a un très large choix de saveurs. Les glaces sont servies à la *pallina* (boule) en *cono* (cornet) ou en *coppetta* (pot) – plus facile à manger ! Si le glacier vous demande : *"panna ?"*, c'est qu'il vous propose d'ajouter de la chantilly maison. Allez-y, c'est gratuit (sauf chez Grom, p. 136, snif !).

Prendre l'*aperitivo*

La coutume de prendre un apéritif à la terrasse d'un bar s'est répandue depuis quelques années à Rome. Assez classique, direz-vous, sauf qu'ici les boissons donnent accès, entre 18h et 21h, à un buffet d'antipasti gratuit, le plus souvent à volonté. La plupart des bars du centre-ville proposent une formule *aperitivo* pour une dizaine d'euros.

Boire de l'eau à une *nasone*

Il y plus de 300 fontaines dans Rome, surnommées *nasoni* (car leur forme évoque un grand nez). Elles distribuent gratuitement de l'eau potable et possèdent une particularité qui va amuser les enfants. En bouchant

le bec, l'eau surgit en arc de cercle par le haut. Attention aux éclaboussures pour les maladroits ! Une application gratuite (sur iPhone et Android) regroupe sur un plan tous les *nasoni* de la capitale (I Nasoni di Roma).

Rouler à scooter

À Rome, le scooter est roi. Vous allez les voir se faufiler entre les voitures ou, lorsque le feu passe au vert, laisser sur place les automobilistes au démarrage. À bord : hommes ou femmes, jeunes ou vieux mais toujours avec cette élégance très romaine. Le scooter préféré des Romains reste la Vespa, ("guêpe"), un nom choisi par Enrico Piaggio qui trouvait qu'elle ressemblait à l'insecte !

Voir des chats

Rome est la ville des chats en liberté. On en voit un peu partout : sur les toits des voitures, sur des motos, sur d'antiques colonnes (comme au Largo di Torre Argentina). Ils sont choyés par les *gattare*, des bénévoles (en général des femmes âgées) qui veillent à leur santé et les nourrissent.

Se garer à la romaine

Se garer n'importe comment est une coutume très romaine. Outre les stationnements en double file, vous allez découvrir, stupéfait, des voitures garées en diagonale comme si les conducteurs n'avaient pas eu le temps de finir leur créneau. Certains garent même leur voiture au feu rouge, sur la voie de circulation !

Les jours fériés

Rome n'est pas une ville morte mais l'activité est réduite les jours fériés. La plupart des sites et musées sont fermés les 25 décembre, 1er janvier et 1er mai. Fermeture anticipée les 24 et 31 décembre. Certains restaurants restent ouverts, mais les commerces sont pour la plupart fermés (sauf certains commerces de bouche).

- **Capodanno** (1er janvier)
- **Epifania** (6 janvier)
- **Lunedì dell'Angelo** (lundi de Pâques)
- **Festa della Liberazione** (25 avril)
- **Primo Maggio** (1er mai)
- **Festa della Repubblica** (2 juin)
- **Festa di San Pietro** (29 juin)
- **Ferragosto** (15 août)
- **Ognissanti** (1er novembre)
- **Immacolata Concezione** (8 décembre)
- **Natale** (25 décembre)
- **Santo Stefano** (26 décembre)

Rome en fêtes

L'année est ponctuée de nombreux événements religieux culturels, folkloriques et, pour certains, très originaux.

8 décembre 2015 au 20 novembre 2016 : jubilé de la Miséricorde

Cette année sainte extraordinaire (elle se déroule en dehors des échéances de 25 ans) est consacrée à la miséricorde. Elle débute avec l'ouverture de la Porte sainte de la basilique Saint-Pierre et prend fin avec sa fermeture. Les pèlerins viendront se recueillir pour recevoir l'indulgence plénière (le pardon). De nombreuses célébrations sont prévues toute l'année. Consultez le site du Vatican (w2.vatican.va) pour en connaître le calendrier.

6 janvier : Epifania

La nuit du 6 janvier, les enfants peuvent rencontrer la Befana sur la Piazza Navona. Une sorcière, un peu père Noël et un peu père Fouettard, qui offre des friandises aux enfants sages et du charbon à ceux qui ne l'ont pas été.

17 janvier : Benedizione degli animali

Voici une célébration religieuse qui va plaire sans nul doute aux amis

des animaux. Dans la petite église de Sant'Eusebio all'Esquinilo, les propriétaires d'animaux en tout genre se pressent pour faire bénir leurs bébêtes. Chats, chiens, poissons rouges, perruches, perroquets, vaches, cochons... toute l'arche de Noé va défiler devant vos yeux. Les heureux propriétaires reçoivent même un certificat de bénédiction.

Février-mars : Carnevale

Le carnaval se déroule les dix jours qui précèdent le mercredi des Cendres. Dans les rues se succèdent des défilés en costumes, tous plus loufoques les uns que les autres. Des manifestations pour enfants et adultes accompagnent la liesse populaire.

19 mars : San Giuseppe

La Saint-Joseph est une fête religieuse importante pour les Romains. Pour les non-croyants, c'est surtout l'occasion de goûter aux *zeppole*, des beignets frits fourrés à la crème.

Fin mars-début avril : Mostra delle Azalee

Les escaliers qui mènent depuis la Piazza di Spagna à la Trinité-des-Monts sont ornés à cette période de milliers de pots d'azalées.

Mars-avril : Pasqua

Pâques est la plus grande fête chrétienne. Les croyants affluent de toutes parts au Vatican et, par extension, à Rome. La semaine précédant le dimanche de Pâques est appelée la semaine sainte et connaît des cérémonies particulières.

Mars-avril : Settimana della cultura

Cette semaine de la culture est un élément majeur de la politique culturelle italienne. Durant cette semaine, de nombreux musées et sites archéologiques ouvrent gratuitement au public, parfois même tard le soir. C'est aussi l'occasion de découvrir des sites habituellement fermés au public.

21 avril : Natale di Roma

Les Romains fêtent la naissance de leur ville, avec plus ou moins de régularité, depuis la fin de l'Antiquité. De nos jours, cette Romaia est célébrée par des spectacles et des défilés en costumes historiques, sur les sites antiques.

Mi-juin à août : Roma incontra il Mondo

"Rome rencontre le monde" est une grande manifestation qui se tient dans le parc de la villa Ada. De nombreux spectacles d'artistes étrangers ou régionaux sont programmés, des stands proposent des articles artisanaux et de la nourriture des pays présents.

29 juin : Festa di San Pietro et Paolo

Rome fête ses martyrs, saint Pierre et saint Paul. La place Saint-Pierre accueille des spectacles, lanceurs de drapeaux, concerts classiques. La coupole de la basilique Saint-Pierre est illuminée et, en soirée, un feu d'artifice est tiré depuis le château Saint-Ange.

Juillet : Festa de Noantri

Cette fête est purement romaine et, plus exactement, propre au seul quartier de Trastevere. Elle a lieu courant juillet. Il s'agit, à l'origine, d'une fête religieuse en l'honneur de la madone du Carmel, avec son lot de processions et cérémonies. Les habitants du Trastevere l'ont transformée en fête laïque, avec de nombreuses animations publiques, des stands d'artisans et de produits gastronomiques. Le Trastevere est en fête durant huit jours.

15 août : Festa della Madonna della Neve

On raconte que le 15 août 352 il aurait neigé sur l'Esquilin. Chaque année, à la même date, lors de la messe qui se tient à la basilique Sainte-Marie-Majeure, au moment du Gloria, une pluie de pétales de roses est lancée sur les fidèles en souvenir.

8 décembre au 6 janvier : Fiera di Piazza Navona

Le plus grand marché de Noël de Rome se tient sur la célèbre Piazza Navona. Au programme : artistes de rue, stands et illuminations le soir. Le marché se termine avec la présence de la Befana.

25-26 décembre : Natale et Santo Stefano

De nombreuses cérémonies se déroulent dans les églises la nuit de Noël. Les rues sont superbement éclairées. Notez que l'on fête aussi saint Stéphane, le premier martyr chrétien, le 26 décembre (férié).

31 décembre : Capodanno

Pour la Saint-Sylvestre, tous les quartiers s'animent, notamment la Piazza del Popolo où se déroulent des concerts. Le 1er janvier à 12 h a lieu la bénédiction rituelle urbi et orbi du pape sur la place Saint-Pierre. À minuit, grand feu d'artifice. Une tradition suivie à chaque Nouvel An, depuis plus d'un demi-siècle : de courageux gaillards font un plongeon de 17 m dans les eaux glacées du Tibre, depuis le pont Cavour.

lili Bé

On fait quoi aujourd'hui ?

Pour vous repérer facilement, nous avons adopté un découpage en cinq zones articulées autour des principaux quartiers. Le centre historique, plutôt Renaissance et baroque, jouxte la Rome antique et son riche passé. Le Vatican, symbole de la chrétienté, veille sur le Trastevere voisin à l'ambiance de village festif. Les alentours de la villa Borghese sont destinés à l'art et la détente. Enfin, un peu plus loin, aux environs de Rome, on retrouve d'autres vestiges antiques et des parcs de loisirs.

Vatican

1. Basilique Saint-Pierre (p. 66)
2. Castel Sant'Angelo (p. 70)

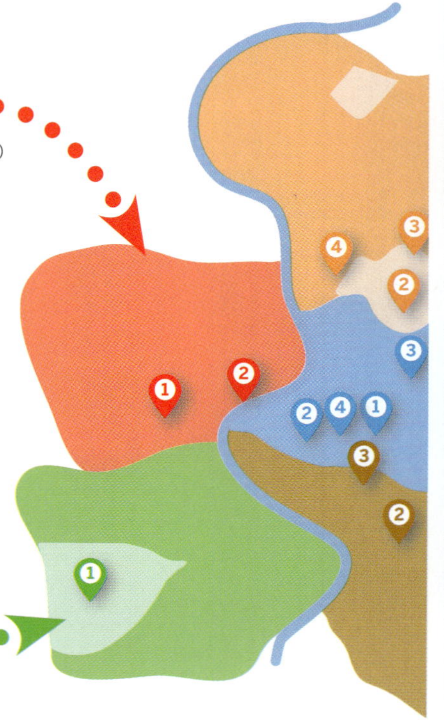

Trastevere

1. Villa Doria Pamphilj (p. 72)

Borghese

1. Galleria Borghese (p. 79)
2. Parco della villa Borghese (p. 78)
3. Bioparco (p. 83)
4. Explora, Museo dei Bambini (p. 86)

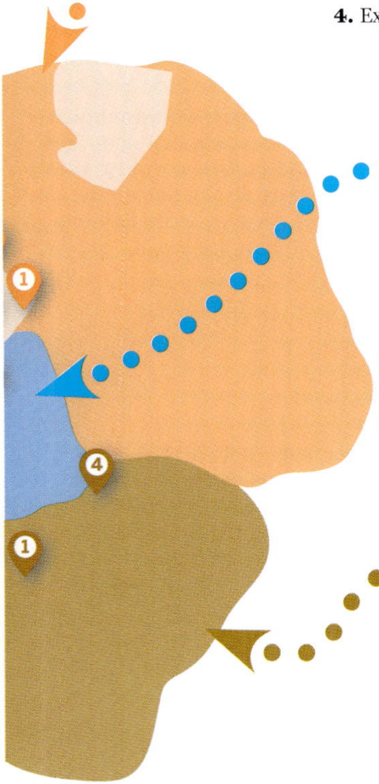

Centre historique

1. Fontana di Trevi (p. 32)
2. Piazza Navona (p. 40)
3. Piazza di Spagna (p. 44)
4. Panthéon (p. 38)

Rome antique

1. Colisée (p. 46)
2. Foro Romano (p. 50)
3. Palazzo Valentini (p. 58)
4. Palazzo Massimo alle Terme (p. 64)

SUIVEZ LE GUIDE

Les visites ne manquent pas à Rome. Choisir va donc être le plus difficile. Pour vous aider, nous avons concocté quelques parcours pour plaire à toute la famille. Ni trop courts, ni trop longs, ils alternent agréablement visites culturelles, moments de détente, pauses gourmandes et même baignade. Ouvrez grand vos yeux et vos oreilles, vous êtes prêts ? Alors, en route et suivez le guide !

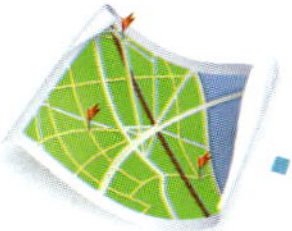

Nos parcours

Parcours n° 1

Pour découvrir la vie sous la Rome antique : visite du Colisée et séance multimédia dans une maison romaine, puis Forum et Palatin pour voir ce qu'il reste de la grandeur de Rome et, pour finir, les musées du Capitole ou une vue panoramique sur la ville depuis le Vittoriano.

• **9h30** • Visite du **Colisée** (p. 46), l'un des emblèmes de Rome. Vous y croiserez des gladiateurs, très pacifiques, qui vous attendent pour faire une photo.

• **11h** • Rendez-vous **Via dei Fori Imperiali**. Face à la sortie du métro, tournez à gauche. Cette grande avenue traverse les forums d'Auguste, de César et de Trajan. Marchez jusqu'à la superbe colonne de Trajan, dont le bas-relief relate les campagnes victorieuses de l'empereur.

• **11h30** • Dirigez-vous maintenant vers le **Domus Romane** du Palazzo Valentini (p. 58), qui présente une éblouissante reconstitution de maisons de la Rome antique. Les commentaires en français à 11h30 seulement, sur réservation.

• **12h30** • Déjeuner dans les environs (voir notre sélection d'adresses p. 137).

• **14h30** • Visite du **Forum** (p. 50). N'oubliez pas de prendre le livret de jeux enfants car il y a un "jeu dans le Forum" pour les *bambini*. Les fans d'archéologie poursuivront avec le Palatin (p. 53).

JEU DANS LE LIVRET ENFANT VOIR PAGE 9

• **16h** • Sinon, empruntez la sortie "Capitole" et, selon l'état de vos têtes et de vos jambes, voici deux options pour finir la journée : les **musées du Capitole** pour les amateurs de grands musées (p. 54) ou la terrasse du Vittoriano pour admirer une très belle vue sur Rome.

Parcours n° 2

Découverte des grands sites touristiques qui font la renommée de Rome (Spagna, Navona et Trevi), d'un des plus beaux musées (Borghese) et du Panthéon. *Parfait le lundi, de nombreux musées étant fermés.*

• **10h** • Départ de la **Piazza di Spagna** (p. 44). Après avoir contemplé la fontaine, montez les escaliers (rien que 138 marches !) pour atteindre l'**église de la Trinité-des-Monts** et profiter d'un beau panorama. Poursuivez jusqu'au **Palazzo Zuccari** (p. 45), dont l'incroyable façade ornée de monstres encadrant porte et fenêtres va amuser les enfants et plaire aux photographes.

• **11h** • Redescendez et prenez le temps de flâner dans les rues qui partent de la **Piazza di Spagna** (Via del Corso, del Babuino, dei Condotti, Margutta). Ici se concentrent les boutiques les plus chics de Rome.

• **12h30** • Direction la **Piazza del Popolo** où vous pourrez admirer l'obélisque, les fontaines et les deux églises identiques. Et avant de quitter la place, faites une photo souvenir sur le dos d'un sphinx.

• **13h** • Déjeunez chez **Antica Focacceria San Francesco** (p. 134) ou achetez de quoi faire un pique-nique et allez manger sur l'herbe dans le parc de la villa Borghese ou du Pincio (p. 78).

• **14h15** • Montez les escaliers vers la **villa Borghese** (p. 78) et arrêtez-vous quelques instants pour profiter de la magnifique vue depuis le Pincio.

• **14h30** • Que diriez-vous d'un pédalage en famille sur un *risciò* (un vélo pour quatre) ? À pied ou sur roues, ne manquez pas les étonnantes horloges à eau qui se trouvent Viale dell'Orologio. Et pour les amateurs d'art, une visite de la **Galleria Borghese** (p. 79) s'impose. Quant aux amis des animaux, direction le **Bioparco** (p. 83) et sa faune exotique.

• **16h30** • Prenez le bus 116, direction Gianicolo et descendez Via del Tritone pour rejoindre la célèbre **fontaine de Trevi** (p. 32). Et, comme tout le monde, jetez-y une pièce et faites un vœu.

• **17h30** • Direction maintenant le **Panthéon** (p. 38). Avant d'entrer, admirez la **fontaine** qui se trouve sur la place de la Minerva et l'**église Santa Maria sopra Minerva**. Observez la curieuse statue de l'éléphant portant un obélisque sur son dos (p. 38). Envie d'une douceur? Laissez-vous tenter par les glaces de Grom (p. 136).

• **18h30** • Rejoignez la **Piazza Navona** (p. 40). Il y aura certainement foule mais prenez le temps d'admirer les trois fontaines.

Parcours n° 3

Cet itinéraire va vous permettre de visiter les musées du Vatican, découvrir le château Saint-Ange pour conclure votre journée par une agréable balade dans les ruelles pittoresques du Trastevere.

• **9h** • Visite des **musées du Vatican** et notamment la fameuse chapelle Sixtine (réservation en ligne quasi indispensable, p. 69).

• **12h** • Petit tour à la **basilique Saint-Pierre** (p. 66). Si vous êtes (vraiment) très en forme, montez dans la coupole pour admirer la vue panoramique sur Rome.

• **13h** • Passez au *supermercato* du magasin **Coin Excelsior** (p. 166) pour faire quelques courses si vous souhaitez pique-niquer.

• **13h30** • Pique-nique derrière le château Saint-Ange ou dégustation d'une des meilleures *pizze al taglio* de la ville au **Pizzarium** (p. 141).

• 14h30 • Poursuivez par la visite du **château Saint-Ange** (p. 70).

• 16h • Balade le long du **Tibre** pour rejoindre le Trastevere et ses petites ruelles au charme typiquement romain. Nombreux glaciers aux alentours pour un moment de fraîcheur.

• 18h • Continuez à longer le Tibre et traversez l'**île Tibérine** (possibilité de faire le jeu du livret enfant "l'île Tibérine"). Puis rejoignez le **ghetto** (p. 59), l'ancien quartier juif et flânez dans ce petit quartier très agréable et dépaysant.

Parcours n° 4

Voici un parcours qui allie la visite du superbe site antique d'Ostia et la baignade, si le temps le permet *(tlj sf lundi)*.

• 9h30 • Prenez le train à la gare Piramide, direction Ostia-Lido et descendez à Ostia Antica (trajet 30 min pour 1,50 €, départ toutes les 15 min).

• 10h30 • Visite de l'ancien port d'**Ostia**, incroyablement bien conservé, construit sur les mêmes plans que Rome. Cette visite va vous permettre de comprendre la vie au quotidien dans une cité antique, grandeur nature. C'est un peu Rome, sans les immeubles modernes et les voitures, ou Pompéi, en mieux conservée.

• 13h • Quittez le site et rejoignez en 10 min de marche le centre de la ville (*Il Borgo*). Il s'agit d'un charmant bourg médiéval où vous trouverez de nombreux restaurants.

Si le temps se prête à la baignade
• **14h30** • De la gare d'**Ostia Antica**, prenez le train jusqu'à l'arrêt **Lido Centro** (deux arrêts), et rejoignez à pied les plages aménagées et payantes. Pour accéder aux plages gratuites, poursuivez jusqu'au terminus **Cristoforo Colombo** (deux arrêts de plus) et, à 10 m, prenez ensuite le bus 07. Choisissez l'un des sept arrêts "Cancelli" (on voit les portes d'entrée des plages depuis le bus).

• **15h** • Et plouf... baignade !

• **17h** • Retour en train jusqu'à la gare Piramide. Comptez 40 min de trajet.

Si le temps ne se prête pas à la baignade
• **14h30** • De la gare d'**Ostia Antica**, prenez le train jusqu'à la gare Termini.

• **16h** • Empruntez le bus 3 (direction Thorvaldsen) jusqu'à l'arrêt Aventino-Circo Massimo pour aller à la **Bocca della Verità** (p. 61) et vérifier si vous dites bien toujours la vérité. Sur la **Piazza Santa in Cosmedin**, jetez aussi un œil sur les deux temples antiques, avant de traverser le pont pour rejoindre l'**île Tibérine** et faire le jeu du livret enfant "l'île Tibérine".

• **17h30** • C'est le meilleur moment de la journée pour vous promener dans les ruelles typiques du **Trastevere**. Si vous êtes à Rome en été, vous pouvez aussi opter pour descendre sur les quais du Tibre où petits restaurants et boutiques éphémères sont installés. Entre le 1er avril et le 31 octobre, vous pouvez également faire une **croisière sur le Tibre** (p. 196).

Et s'il pleut

S'il pleut, dites-vous qu'il s'agit sans doute d'une simple averse. Voici quelques suggestions pour vous mettre à l'abri, le temps que le beau temps revienne.

D'abord pensez à ces deux sites qui vont vous permettre de découvrir la Rome antique sans vous mouiller : le **Palazzo Massimo alle Terme** (p. 64) et les **Domus Romane** (p. 58). Une curiosité à ne pas manquer : le **Panthéon** avec les gouttes de pluie irisées qui tombent depuis le trou dans la coupole (p. 39). Voici peut-être (enfin) une très bonne excuse pour aller faire du **shopping** dans l'un des grands centres commerciaux situés dans Rome ou alentour (p. 170).

Rome pour tous les goûts

Que vos loustics soient des archéologues en herbe, des puits de science, de futurs artistes ou simplement des enfants curieux, voici des suggestions de visites selon leurs centres d'intérêt.

Pour les petits archéologues
- Le Colisée, emblème de Rome (p. 46)
- Le Forum, pour son riche passé (p. 50)
- Le Palazzo Valentini, et ses vestiges (p. 58)
- Les thermes de Caracalla (p. 62)
- La Via Appia Antica, pour fouler les plus vieux pavés du monde (p. 91)
- Ostia Antica, les ruines très bien conservées d'une cité romaine (p. 96)

Pour les princes et les princesses
- La villa Farnesina et ses belles fresques (p. 76)
- Le superbe Palazzo Doria Pamphilj (p. 36)
- La villa d'Este et ses superbes jardins (p. 100)

Pour respirer le grand air
- Le parc de la villa Borghese (p. 78)
- La villa Doria Pamphilj (p. 72)

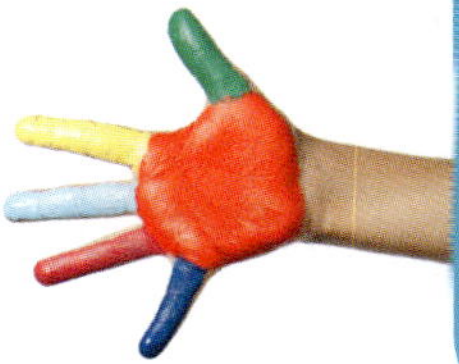

Pour les artistes en herbe
- La Galleria Borghese, pour voir les œuvres des grands maîtres (p. 79)
- Les musées du Vatican et la célèbre chapelle Sixtine (p. 69)
- Les musées du Capitole (p. 54)
- La villa Médicis et ses jardins (p. 84)
- La Galerie nationale d'art moderne (p. 82)
- Les studios Cinecittà (p. 93)

Pour le panorama
- La coupole de la basilique Saint-Pierre, pour les plus courageux (p. 67)
- La colline du Janicule (p. 73)
- La terrasse du château Saint-Ange (p. 70)
- La terrasse du Vittoriano (p. 56)
- Le Pincio à la villa Borghese (p. 78)

Pour les petit(e)s ami(e)s des animaux
- Le Bioparco (p. 83)
- Les tortues de la villa Doria Pamphilj (p. 72 et 147)
- Les animaux marins du Sea Life Roma Aquarium (p. 95)
- Le Zoomarine pour ses numéros de dauphins et de phoques (p. 99)
- Les centaines de chats en liberté, notamment au Largo Argentina dans le ghetto (p. 59)

CENTRE HISTORIQUE

Ici, les lieux antiques (à part le Panthéon) ont presque disparu à mesure que s'est développée l'urbanisation. Les styles Renaissance et baroque s'entremêlent et se superposent, faisant du cœur de Rome un riche et unique patchwork. On y trouve des places célèbres comme la Piazza Navona et celle di Spagna, la fontaine de Trevi, le Panthéon, le Campo de' Fiori, quelques musées et le shopping le plus chic de la ville.

Faire un vœu
à la fontana di Trevi

Tous âges La fontaine de Trevi est l'une des plus célèbres fontaines du monde. Elle se lit comme un livre d'images consacrées au thème de l'eau.

Durant l'Antiquité, l'empereur Auguste fit construire l'**aqueduc de l'Acqua Vergine** (en souvenir d'une jeune fille qui indiqua la source aux soldats romains) pour approvisionner le quartier en eau. Aujourd'hui, c'est la même source qui coule et qui est transportée par le même aqueduc, et cela depuis plus de vingt siècles. Incroyable, non ? La fontaine, quant à elle, a été construite au XVIIIe siècle. Devant l'arc de triomphe central, **Neptune**, le dieu de la Mer, est debout sur son char tiré par des chevaux marins. Il est conduit par des tritons, des êtres mi-hommes, mi-poissons. Ils font peur, mais ils sont plutôt bienveillants.

Notre conseil Le soir, la fontaine est illuminée, offrant un magnifique spectacle.

Plan p. 34-35 8 E3 ON Y VA ! ☐
Piazza di Trevi • B *Tritone-Fontana Trevi*

La légende de la fontaine de Trevi

Regardez au fond du bassin. Il y a des dizaines de pièces de monnaie. La légende veut que l'on jette deux pièces : la première pour être assuré de revenir un jour (en compagnie de celui avec qui on a lancé la pièce) et la seconde pour faire un vœu. Il est bien sûr interdit d'aller se servir.

Jouer au petit soldat
lors de la relève de la garde

À partir de 5 ans Piazza del Quirinale, les fans de cérémonies militaires peuvent assister au spectacle de la relève de la garde du palais présidentiel.

Rien de très original dans cette cérémonie romaine. Les troupes arrivent au son de la musique. Quelques militaires de la relève vont remplacer ceux qui ont terminé leur garde. Et tout le monde repart comme il était venu, sauf les gardes de faction. Un spectacle très court (10 à 15 min), mais assurément réjouissant pour les enfants.

Plan p. 34-35 11 F3 ON Y VA ! ☐

Voir adresse ci-dessous, di (oct-mai) 16h, di 18h (juin-sept). En semaine, pas de cérémonie à l'extérieur.

Visiter le palais de la République
au Palazzo del Quirinale

À partir de 8 ans Si le faste de la République vous tente, venez jeter un œil dans le palais du Quirinal.

Une partie du **palais présidentiel** est ouverte au public et donne accès à différentes salles. Murs recouverts de fresques et de tableaux, sols en mosaïque de pierre, statues, meubles garnis d'objets décoratifs : toute la magnificence d'un vrai palais. Comme il est situé sur la colline du Quirinal, la plus haute de Rome, certaines

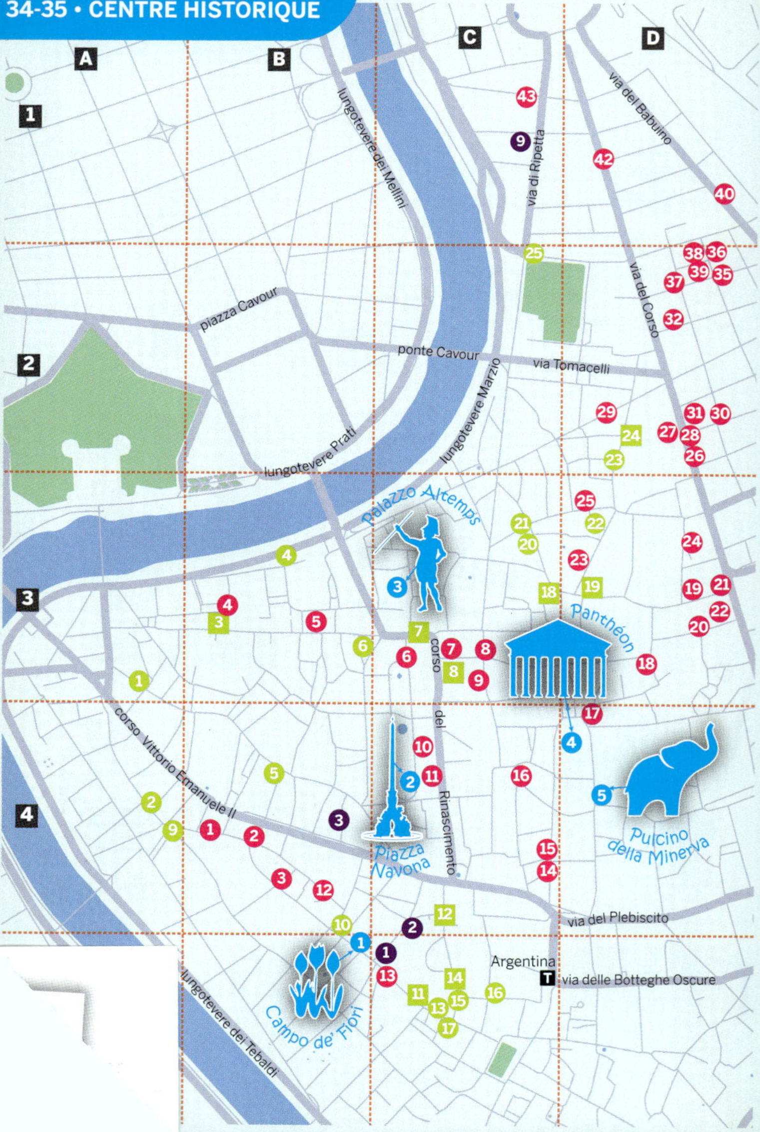
A
B
C
D
1
2
3
4
via del Babuino
lungotevere dei Mellini
via di Ripetta
via del Corso
piazza Cavour
ponte Cavour
via Tomacelli
lungotevere Marzio
lungotevere Prati
Palazzo Altemps
Panthéon
corso del Rinascimento
corso Vittorio Emanuele II
Pulcino della Minerva
Piazza Navona
via del Plebiscito
Argentina
via delle Botteghe Oscure
Campo de' Fiori
lungotevere dei Tebaldi

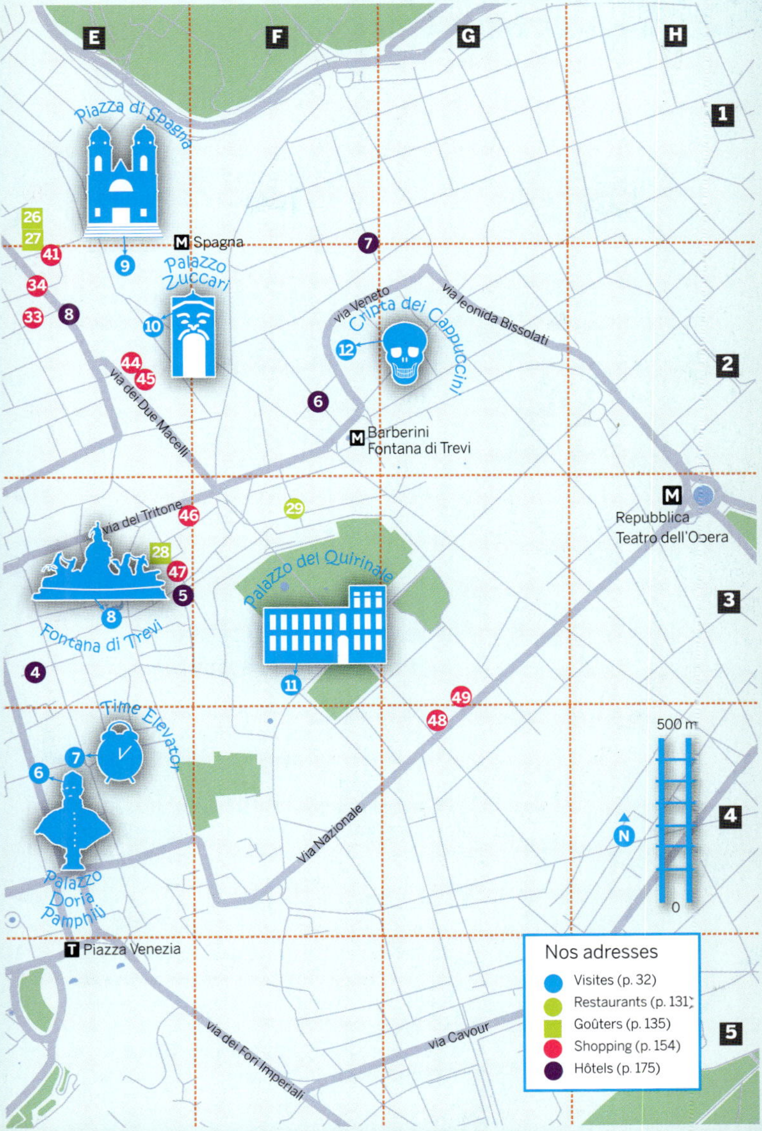
E
F
G
H
1
2
3
4
5
Piazza di Spagna
Spagna
Palazzo Zuccari
via Veneto
Cripta dei Cappuccini
via leonida Bissolati
via dei Due Macelli
Barberini Fontana di Trevi
via del Tritone
Repubblica Teatro dell'Opera
Palazzo del Quirinale
Fontana di Trevi
Time Elevator
Palazzo Doria Pamphilj
Via Nazionale
500 m
0
N
Piazza Venezia
via dei Fori Imperiali
via Cavour
Nos adresses
Visites (p. 32)
Restaurants (p. 131)
Goûters (p. 135)
Shopping (p. 154)
Hôtels (p. 175)

fenêtres offrent une **très belle vue** sur la ville. En passant sur la place du Quirinal, remarquez la fontaine surmontée d'un **obélisque égyptien** (eh oui, encore un !).

Notre conseil Vérifiez sur le site Web du palais (palazzo.quirinale.it) les horaires et les tarifs car ils peuvent changer selon les saisons. Réservation obligatoire à faire au moins cinq jours à l'avance sur coopculture.it.

Plan p. 34-35 11 F3 ONYVA !

Piazza del Quirinale • B Nazionale-Quirinale • palazzo.quirinale.it • 06 3996 7557 • ma-me, ve-di 9h30-16h (fermé en août) • parcours 1h20 1,50 €, parcours 2h20 adulte 10 €, (18-25) 5 €, enfant (– 18) 1,50 €

Jouer à la princesse
au Palazzo Doria Pamphilj

À partir de 6 ans **Ce palais privé est grandiose. L'intérieur rappelle celui du château de Versailles, en un peu plus petit, bien sûr !**

Ce **palais privé du XVIIe siècle** appartient toujours à la même famille aristocratique. Sur les 1000 pièces qui le composent, on ne peut visiter que quelques appartements et découvrir leur **mobilier d'origine** : décorations de stucs, miroirs, dorures. Ce palais possède même une magnifique **galerie des Glaces** dont les murs sont couverts de miroirs vénitiens. Au-delà des tentures ou faïences précieuses, se trouve une admirable collection de peintures dont certaines de **Raphaël**, du **Titien**, de **Vélasquez** ou de **Poussin**.

Notre conseil Le samedi à 11h, **Musica a Palazzo** propose une visite guidée (en anglais ou italien) ponctuée de mini-concerts baroques.

Plan p. 34-35 6 E4 ONYVA !

Via del Corso, 305 • B Venezia • dopart.it/roma • 06 6797323 • tlj 9h-19h • adulte 12€, enfant (6-26) 8€, (–6) gratuit, audioguide inclus • Roma Pass • Musica a Palazzo : adulte 30€, jeune (–16) 8€,enfant (–6) gratuit, à réserver sur romaoperaomnia.com

Remonter le temps
au Time Elevator

À partir de 6 ans Cette attraction met en scène l'histoire de Rome d'une façon ludique mais un peu trop "secouante" peut-être pour certains.

Ce **cinéma 5D** (eh oui, 5 !) avec sol qui tremble et sièges qui bougent présente plusieurs films, de durée variable, dont l'un retrace l'**histoire de Rome** avec notamment des petits films sur Romulus et Rémus, César ou encore Michel-Ange. Mais, à vrai dire, le déploiement de technologie ne vous plonge pas dans la réalité de la Rome antique. Nous lui préférons la rigueur historique et la magie des Domus Romane du Palazzo Valentini (p. 58).

Plan p. 34-35 7 E4 ONYVA !

Via SS Apostoli, 20 • B Piazza Venezia, Via del Corso • time-elevator.it • 06 69921823 • tlj 9h30-19h30 • durée : 15-60 min (selon forfaits) • adulte 12-18€, enfant (5-12) 9-15€, (–4) gratuit

Voir un éléphant
au Pulcino della Minerva

Tous âges À quelques pas du Panthéon, voici une bien curieuse sculpture qui plaira aux enfants.

Ce curieux monument situé devant l'église Santa Maria Sopra Minerva représente un **éléphant portant un obélisque**. On le doit au Bernin. L'obélisque évoque la sagesse reposant sur un esprit solide, l'éléphant. On peut remarquer que la trompe est un peu démesurée. Peut-être n'avait-il jamais vu de vrais éléphants ! Allez jeter un coup d'œil dans l'**église Santa Maria Sopra Minerva**. Les fresques au plafond et la statue du Christ sont de Michel-Ange.

Plan p. 34-35 5 D4 ONYVA !

Piazza Santa Maria Sopra Minerva • B Largo di Torre Argentina • lu-ve 7h30-19h, sa 7h30-12h30 et 15h30-19h, di 8h-12h30 et 15h30-19h pour l'église

Admirer le génie bâtisseur des Romains
au Panthéon

Tous âges Véritable prouesse architecturale, il est le plus grand monument romain antique qui soit resté pratiquement intact après plus de 2000 ans.

À l'origine, le Panthéon était un **temple dédié à toutes les divinités** de la religion romaine. Bâti sur l'ordre d'Agrippa en 27 av. J.-C., il a nécessité sept ans de construction. Endommagé par plusieurs incendies, il fut entièrement reconstruit sous Hadrien (début du IIe siècle). Converti en basilique chrétienne au VIIe siècle, le Panthéon a été sans cesse utilisé jusqu'à nos jours et a pu être ainsi très bien préservé.

Ce temple possède des dimensions imposantes. Les colonnes du portique d'entrée mesurent 12 m de haut (soit la hauteur moyenne de quatre étages) et plus de 1,50 m de diamètre à la base. Elles sont constituées d'un seul bloc. Allez aussi admirer, à l'intérieur, les exploits technologiques des Romains de l'Antiquité. La rotonde supporte le **plus grand dôme de l'Antiquité** (43 m de diamètre !). Il est fait en brique et en... béton. Eh oui, incroyable ! Les Romains connaissaient déjà le béton. À l'intérieur se trouve le **tombeau de Raphaël** qui, malheureusement, est mal mis en valeur.

Regardez par le trou de la coupole !

Levez les yeux et regardez tout en haut le trou dans la coupole. Il fait 8 m de diamètre et c'est la seule source de lumière de la construction. Si vous êtes de passage un jour de pluie, venez observer le spectacle étonnant des gouttes irisées de lumière tombant du ciel.

Notre conseil La visite étant très courte, ne manquez pas d'aller jeter un œil à la fontaine sur la place avec ses animaux en pierre. Les enfants pourront s'amuser à les reconnaître.

Plan p. 34-35 4 D4 ON Y VA ! ☐

Piazza della Rotonda • B *Largo di Torre Argentina* • *lu-sa 9h-19h30, di 9h-18h, j. fériés 9h-13h*

Compter les fontaines
de la Piazza Navona

Tous âges **Voici l'une des plus célèbres places de Rome. Chef-d'œuvre baroque, elle possède trois très belles fontaines et d'agréables terrasses de café.**

Construite sur les ruines d'un **immense stade** du Ier siècle qui pouvait accueillir jusqu'à 30 000 spectateurs, la Piazza Navona a conservé la même forme et les mêmes dimensions. Elle est ornée de **trois fontaines** imposantes illustrant avec panache l'art baroque. Allons les regarder de plus près.

Au centre, celle appelée la **fontaine des Quatre-Fleuves** ou des **Quatre-Continents**, est surmontée d'un obélisque. Elle est due au Bernin et symbolise les quatre plus grands fleuves et les quatre continents. Nous parlons bien de quatre continents et non de cinq, car l'Australie venait à peine d'être découverte et n'était pas cartographiée. Observez la statue qui lève le bras ; elle semble éviter quelque chose. On raconte que **le Bernin** aurait dessiné cette statue ainsi pour se protéger d'un possible écroulement de la coupole de l'église d'en face, projeté par son rival, Borromini. La **fontaine de Neptune** montre le dieu de la Mer luttant contre une pieuvre, accompagné de naïades et de chevaux marins. La **fontaine du Maure**, quant à elle, représente un Africain aux prises avec un dauphin.

Pourquoi la statue du Nil porte un bandeau ?

Le sculpteur le Bernin a représenté par une statue chacun des quatre continents, eux-mêmes caractérisés par un fleuve. Le Danube pour l'Europe, le Nil pour l'Afrique, le Gange pour l'Asie et le Río de la Plata pour l'Amérique. Le Nil a les yeux bandés car, à l'époque, on ne connaissait pas encore sa source.

Plan p. 34-35 2 C4 ON Y VA ! ☐

B *Corso Vittorio Emmanuele-Navona, Corso Rinascimento*

Saluer les empereurs
au Palazzo Altemps

À partir de 8 ans **Ce palais-musée est très accessible pour les jeunes esthètes. Peu de pièces exposées mais l'excellence est au rendez-vous.**

Le Palazzo Altemps construit en 1477 fut la résidence d'aristocrates et de cardinaux au cours des XVIe et XVIIIe siècles. Il abrite aujourd'hui des **collections du Musée national romain**. Les salles décorées de magnifiques fresques et de plafonds à caissons sont un spectacle à elles seules. Elles témoignent de la richesse des lieux à l'époque de la Renaissance. La très belle mise en scène des sculptures offre une promenade aussi agréable qu'instructive pour les enfants.

À l'intérieur, on découvre une **très belle cour** comprenant plusieurs statues et une fontaine ornée de mosaïques et de coquillages. **À l'étage**, c'est une loggia décorée de fresques végétales et d'une **collection de bustes d'empereurs** qui vous attend, dont de nombreux représentent Jules César. Petite curiosité dans la *sala della Piattaia*, rapprochez-vous de la fresque représentant un beau service de table, il y a un graffiti datant de... 1496 !

Le **sarcophage Ludovisi** est d'un réalisme saisissant avec ses sculptures montrant des scènes de combats entre Romains et Barbares. Elles ont été pour la plupart reconstituées et modifiées entre les XVe et XVIIe siècles. C'était une pratique très courante à l'époque, chaque

artiste apportant sa touche à l'œuvre. Des fiches indiquent les parties concernées.

Plan p. 34-35 3 C3 ONYVA !

Piazza di Sant'Apollinare, 46 • B Senato-Corso Rinascimento, Zanardelli • archeoroma.beniculturali.it/musei • 06 3996 7700 • ma-di 9h-19h45 • adulte 7 € (valable 3 j pour les sites du Museo Nazionale Romano), jeune (18-25) 3,50 €, enfant (–18) gratuit (suppl. si expo temp.) • Roma Pass

Chercher des fleurs
au Campo de' Fiori

Tous âges Cette place, animée le matin par un petit marché, est très touristique. Le plus intéressant est de se promener dans les ruelles qui l'entourent.

Un petit marché a lieu le matin (p. 170) sur cette place qui porte le nom de "champ des fleurs". La réputation de ce marché est un peu surfaite et, à vrai dire, on y voit plus de touristes que de fleuristes ! Sur la place s'élève la **statue de Giordano Bruno**. Il fut brûlé pour avoir défendu la théorie de Copernic selon laquelle la Terre tournait autour du Soleil, théorie condamnée par l'Église, à l'époque. Autour de la place, des ruelles très pittoresques portent encore le nom d'anciens métiers : via dei Cappellari (rue des Chapeliers), via dei Chiavari (rue des Serruriers), via dei Giubbonari (rue des Tailleurs) ou encore via della Corda. Non, ce n'est pas la rue des Cordeliers mais la rue du supplice de la corde avec laquelle on suspendait les condamnés, bras attachés dans le dos.

Notre conseil Ne vous limitez pas au marché, prenez vraiment le temps de musarder dans les ruelles typiques tout autour de la place.

Plan p. 34-35 ❶ B5 ON Y VA ! ☐
B *Monserrato-Piazza Farnese*

Trembler de peur
dans la Cripta dei Cappuccini

À partir de 12 ans La crypte des Capucins est "décorée" de crânes, d'os humains et même de squelettes habillés ! Brrr…

Autant le savoir, la **crypte des Capucins** est une visite macabre et très impressionnante, à éviter pour les âmes sensibles. Non seulement les couloirs et les cinq chapelles (sur 100 m) en sous-sol sont très étroits, mais surtout les franciscains, dans la moitié du XVIIIe siècle, les ont "décorés" de **crânes** et de **tibias** de plus de 4 000 moines décédés entre 1528 et 1870. Tels des fantômes, certains squelettes sont habillés de leurs vêtements de moines, laissant apparaître leur crâne sous la capuche. D'autres sont allongés un peu plus "classiquement" en position mortuaire. Le musée retrace l'histoire du couvent et de l'ordre.

Notre conseil Visite non adaptée à un très jeune public. En revanche, les ados amateurs de gore et de sensations fortes vont adorer.

Plan p. 34-35 ⓬ F2 ON Y VA ! ☐
Via Vittorio Veneto, 27 • M Barberini • cappucciniviaveneto.it • 06 8880 3695 • tlj 9h-19h, entrée 8 €, tarif réduit (–18) 5 €

Grimper les escaliers
de la Piazza di Spagna

Tous âges **Cette majestueuse volée d'escaliers est une pause photo incontournable. Superbe vue du haut des 138 marches pour les plus courageux !**

La place d'Espagne s'appelait autrefois **place des Français** car, tout en haut des escaliers, se trouve l'église de la **Trinité-des-Monts** qui fut financée par Charles VIII, roi de France. La place n'a reçu son nom actuel qu'au XVIe siècle, du fait de la présence du **Palazzo di Spagna**, l'ambassade espagnole auprès du pape.

Au bas des escaliers se trouve une **fontaine** où vous pouvez voir la sculpture d'une barque échouée qui prend l'eau. Ce chef-d'œuvre baroque a été réalisé par les Bernin (père et fils) en souvenir de la **grande inondation** de Rome en 1598. Eh oui, à cette époque, le Tibre venait facilement voir ce qui se passait en ville. Il débordait et inondait une partie de Rome.

L'imposant escalier de 138 marches offre, depuis le haut, une **très belle vue** sur Rome. On distingue au loin le dôme de Saint-Pierre. Allez, hop, un petit effort, ça vaut vraiment la peine !

À quelques pas de cette célèbre place se trouvent les rues les plus chics pour le shopping : via del Corso, via del Babuino, via dei Condotti. Un bonheur pour les fashionistas qui veulent refaire le vestiaire de leur petite famille.

Espagnole, française et même anglaise !

Cette place a été aussi appelée "ghetto des Anglais" car, aux XVIIIe et XIXe siècles, les artistes et intellectuels anglais se devaient de parcourir l'Europe et de passer par Rome. Les Anglais étaient si nombreux que s'ouvrit un salon de thé : le Babington's (p. 135).

Pour trouver un peu de calme, préférez la via Margutta. Cette charmante ruelle est le repaire des artisans et artistes depuis le XVIIe siècle. Au n° 54 se trouve la Fontana delle Arti ornée d'un seau, de pinceaux et de chevalets qui rendent hommage aux habitants de cette rue.

Notre conseil Attention aux pickpockets, qui raffolent de cet endroit toujours bondé, de jour comme de nuit. Le soir, la place est magnifiquement illuminée.

Plan p. 34-35 9 E2 ON Y VA ! ☐
M Spagna

Braver les ogres
du Palazzo Zuccari

Tous âges **Voici un bien étrange palais dont les fenêtres et portes sont ornées de monstres à gueule béante qui semblent vouloir dévorer les passants.**

En haut des escaliers de la Piazza di Spagna, près de l'église de la Trinité-des-Monts, se trouve ce bien étrange palais dont la façade est ornée de **sculptures fantastiques**. Des ogres à gueule béante encadrent portes et fenêtres, semblant vouloir avaler, tout crus, les passants. Il a été conçu au XVIe siècle par le peintre Federico Zuccari. Le palais ne se visite pas mais sa façade vaut vraiment le détour car elle amusera les enfants (et les parents). Une belle occasion de faire une photo-souvenir fun !

Plan p. 34-35 10 E2 ON Y VA ! ☐
Via Gregoriana, 30 • M *Spagna*

ROME ANTIQUE

Ce quartier est le cœur de la Rome antique, celui qui nous plonge dans nos souvenirs scolaires. Il comprend le Colisée, les forums, mais également les musées du Capitole riches en statuaire antique et le Vittoriano, symbole historique d'une Italie plus moderne. Des gladiateurs, des reconstitutions multimédias de maisons romaines, une bouche en pierre qui détecte vos mensonges... Il y a vraiment de quoi s'amuser dans la Rome antique !

Les gladiateurs
C'étaient des combattants novices ou professionnels, des esclaves ou des hommes libres. Et il y avait même des femmes, dont les combats très rares étaient donc recherchés. Quelquefois, les esclaves les plus méritants pouvaient être libérés et devenir riches, hélas la plupart finissaient plutôt d'une façon tragique au combat.

Combattre un fauve
au Colosseo

Tous âges Monument emblématique de Rome, le Colisée est impressionnant de l'extérieur comme de l'intérieur, de jour comme de nuit.

Construit sous Vespasien et Titus (70-80), c'est le plus grand amphithéâtre romain. Des chiffres... colossaux : 49 m de hauteur, 80 arcades, 450 m de circonférence, 50 000 spectateurs. L'inauguration dura 100 jours, 2 000 gladiateurs et 5 000 fauves furent sacrifiés. On ne faisait pas les choses à moitié à cette époque ! Dans cette immense arène se déroulaient non seulement des **combats de gladiateurs** mais aussi, à peine croyable, des **batailles navales** ! Eh oui, des affrontements entre navires, qu'on appelle les naumachies, pour lesquelles, chose inimaginable, l'arène était alors remplie d'eau. Pour d'autres spectacles, les Romains reconstituaient un milieu naturel dans lequel se déroulaient les *venationes* ou les **chasses aux animaux sauvages**. Les Romains y découvraient ainsi pour la première fois

des animaux exotiques comme des lions, des crocodiles ou encore des hippopotames.

Pour toutes ces mises en scène, le Colisée disposait d'une machinerie très ingénieuse. On distingue encore, sous l'arène, ce réseau complexe de couloirs et de salles. Les souterrains sont ouverts au public sur réservation (visite en anglais). Durant l'Antiquité, il comportait quatre niveaux, entièrement recouverts de marbre, avec des statues à chaque ouverture et une statue géante, un colosse, d'où le nom de *Colosseo*... ou Colisée. Regardez vers le Forum et cherchez les traces du socle carré du colosse. Avant d'être le symbole du dieu Soleil, il représentait l'empereur Néron et était destiné à décorer son immense demeure : la **Domus Aurea**.

Les jeux du cirque durèrent jusqu'au VIe siècle. Puis, l'amphithéâtre servit d'habitation et de commerces et devint une carrière de marbre pour d'autres constructions. Illuminé le soir, il est encore plus impressionnant.

À l'extérieur, si cela vous tente, des gladiateurs vous attendent pour une photo-souvenir.

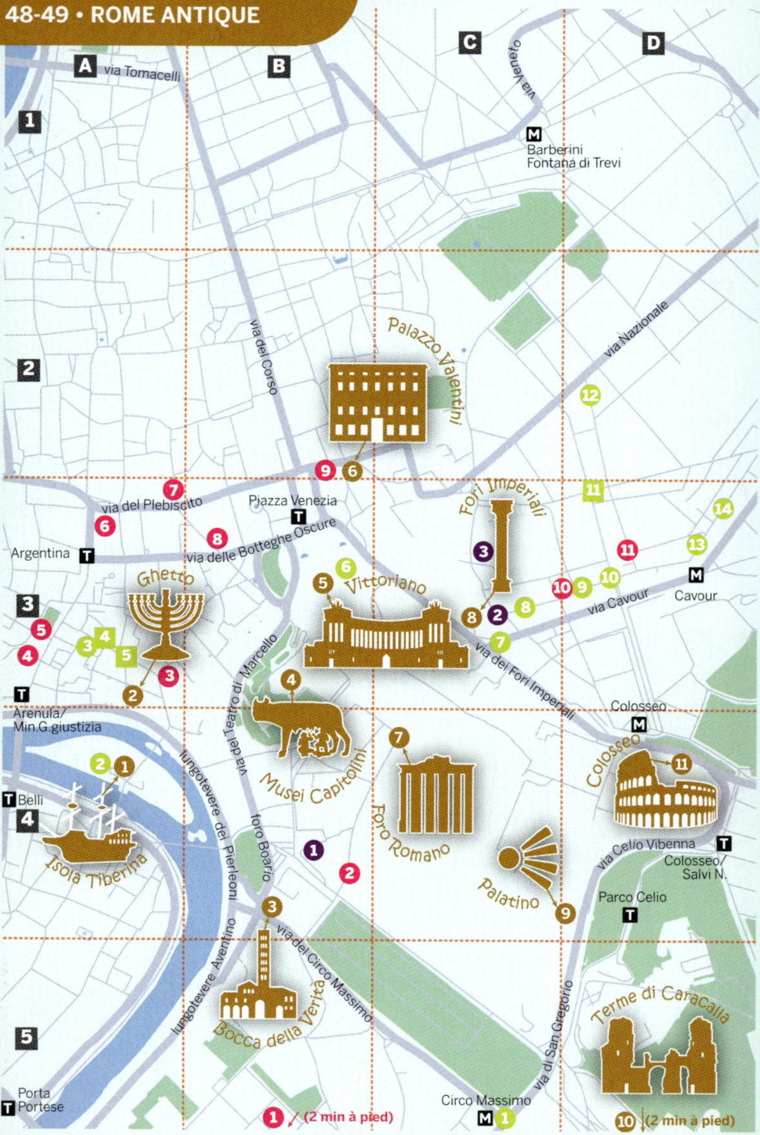
A
B
C
D
1
2
3
4
5
via Tomacelli
via Veneto
Barberini
Fontana di Trevi
via del Corso
Palazzo Valentini
via Nazionale
via del Plebiscito
Piazza Venezia
Argentina
via delle Botteghe Oscure
Ghetto
Vittoriano
Fori Imperiali
via Cavour
Cavour
via dei Fori Imperiali
Arenula/
Min.G.giustizia
via del Teatro di Marcello
Musei Capitolini
Foro Romano
Colosseo
Belli
Isola Tiberina
lungotevere dei Pierleoni
foro Boario
via Celio Vibenna
Colosseo/
Salvi N.
Palatino
Parco Celio
lungotevere Aventino
via del Circo Massimo
Bocca della Verità
via di San Gregorio
Terme di Caracalla
Porta
Portese
Circo Massimo
(2 min à pied)
(2 min à pied)

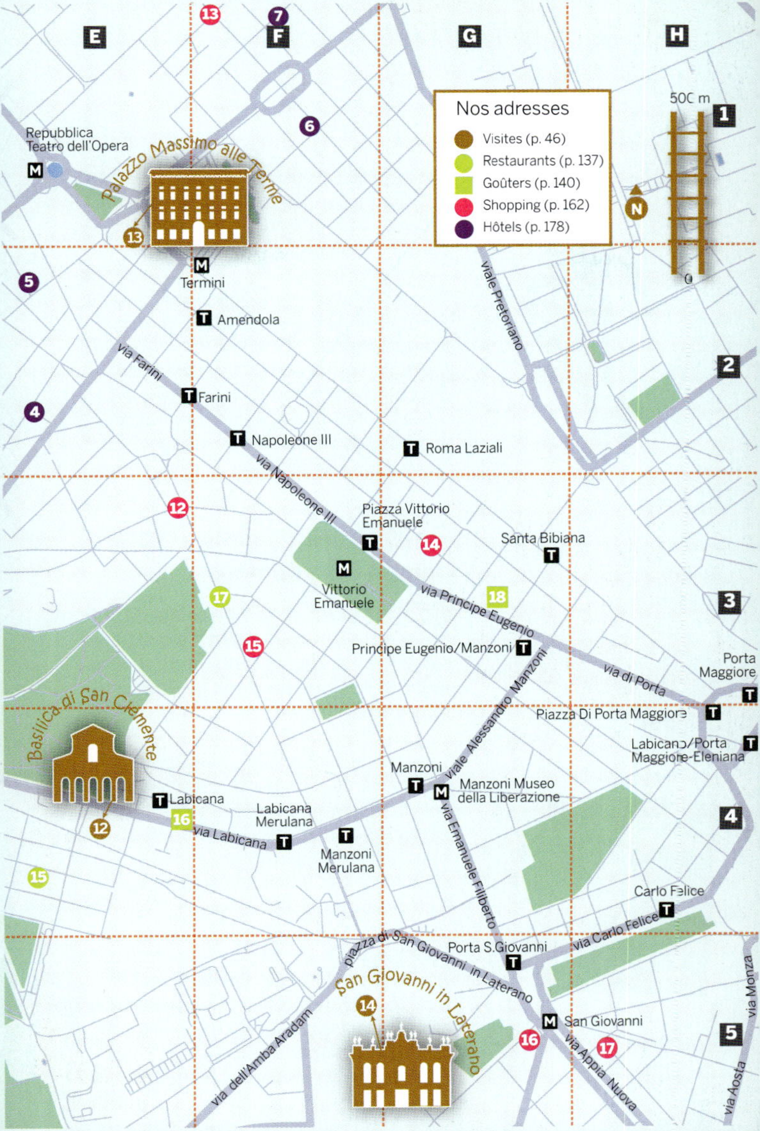

E
F
G
H
1
2
3
4
5
Nos adresses
Visites (p. 46)
Restaurants (p. 137)
Goûters (p. 140)
Shopping (p. 162)
Hôtels (p. 178)
500 m
0
N
Repubblica Teatro dell'Opera
Palazzo Massimo alle Terme
Termini
Amendola
via Farini
Farini
Napoleone III
via Napoleone III
Roma Laziali
viale Pretoriano
Piazza Vittorio Emanuele
Vittorio Emanuele
Santa Bibiana
via Principe Eugenio
Principe Eugenio/Manzoni
viale Alessandro Manzoni
via di Porta
Porta Maggiore
Piazza Di Porta Maggiore
Labicano/Porta Maggiore-Eleniana
Basilica di San Clemente
Labicana
via Labicana
Labicana Merulana
Manzoni Merulana
Manzoni
Manzoni Museo della Liberazione
via Emanuele Filiberto
Carlo Felice
via Carlo Felice
piazza di San Giovanni in Laterano
Porta S.Giovanni
San Giovanni in Laterano
San Giovanni
via dell'Amba Aradam
via Appia Nuova
via Monza
via Aosta

Notre conseil Prenez un audioguide, sinon la visite risque d'être très décevante pour les enfants. Pour éviter l'attente aux caisses, réservez en ligne.

Plan p. 48-49 ⑪ D4 ON Y VA ! ☐

Piazza del Colosseo • M T B Colosseo • coopculture.it • 06 3996 7700 • tlj 8h30-1h avant le coucher du soleil • adulte 12 €, enfant (– 18) gratuit (billet combiné avec Palatin et Forum valable 2 j), audioguide 5,50 €, vidéoguide 6 €, réservation en ligne conseillée • Roma Pass

Parader sur la Via Sacra

dans le Foro Romano

JEU DANS LE LIVRET ENFANT VOIR PAGE 9

Tous âges Cœur de la vie sociale de la Rome antique, le Forum Romain a traversé les siècles. Pillé, saccagé, abandonné, il est aujourd'hui l'un des sites de Rome les plus visités.

Le Forum était une place à vocation commerciale, politique et religieuse et possédait les plus beaux édifices de la ville. *forum* signifie "l'endroit en dehors" car il fut construit sur un marécage situé à l'extérieur de Rome. Au fil des agrandissements de la ville, il en devint le centre.

Tel un général victorieux, vous allez marcher sur les pavés de la **Via Sacra**. Les généraux romains célébraient leur triomphe en défilant avec panache sur cette Voie Sacrée qui rejoignait le Capitole. Au cours de votre visite, vous verrez de nombreux vestiges, plus ou moins bien conservés, car au Moyen Âge on pilla les édifices pour en utiliser les matériaux.

Commençons par l'**arc de Titus** (81) qui célèbre la conquête de Jérusalem, victoire retracée sur les **bas-reliefs**. Parmi les bâtiments civils, l'un des plus actifs était la **basilique**. Cependant, cet édifice n'était pas religieux. Il avait les mêmes fonctions que le Forum, mais était plus petit et sous abri. Il y avait plusieurs basiliques. En voici une à repérer : la **basilique de Maxence et Constantin**. Il s'agit d'une gigantesque construction qui était à l'origine richement décorée. Elle comportait de nombreuses statues, dont une de Constantin (une énorme tête de 2,50 m que l'on peut admirer aujourd'hui aux musées du Capitole).

Il y avait aussi de **nombreux temples**, certains dédiés à des empereurs divinisés. Suivez le chemin jusqu'au temple aux huit colonnes, le **temple d'Antonin et Faustine**. Il fut dédié à Faustine, puis à son époux, l'empereur Antonin (IIe siècle av. J.-C.), tous deux divinisés à leur mort. Observez la façade. La porte d'entrée de l'ancienne église est un peu haute ! À l'époque médiévale, le Forum était complètement enseveli par un amas de terre et le sol se trouvait au niveau de cette porte.

Mais le premier Romain devenu une divinité est **Jules César**, sous le nom de "Divin Jules". Au prochain croisement, prenez à gauche pour trouver, sous un baraquement de protection, un autel sur lequel, encore de nos jours, des fleurs sont déposées en sa mémoire. Ce temple se trouve à l'emplacement où le corps de César fut brûlé après avoir été tué par

23 coups de poignards à la Curie de Pompée. D'autres temples sont, eux, dédiés à des divinités plus classiques comme le **temple des Dioscures**. Pour le trouver, rejoignez les trois colonnes sur la droite du Divin Jules. Ce temple est dédié aux dieux jumeaux grecs Castor et Pollux, dont les statues ornent les escaliers du Capitole. Tout à côté, se trouve un temple rond : le **temple de Vesta**. Des vestales devaient entretenir le feu sacré afin qu'il ne s'éteigne jamais.

Reprenez maintenant la Via Sacra jusqu'au bout. Sur la droite, se trouve la **Curie** qui accueillait les assemblées du Sénat romain pour promulguer les lois du pays. Entièrement recouverte de marbre, elle possédait de belles portes de bronze qui sont aujourd'hui à la basilique Saint-Jean-de-Latran. À gauche de l'arc de triomphe, le **temple de Saturne** vous attend avec ses huit colonnes. Dédié au culte de Saturne, il abritait exceptionnellement des fonctions civiles relatives à la monnaie, aux lois et conservait les drapeaux des légions romaines.

Victorieux, mais modeste

Lors du parcours du cortège sur la Via Sacra, les soldats entonnaient des chants où ils se moquaient de leur général pour lui éviter la jalousie des dieux. Un esclave tenait au-dessus de la tête du triomphateur une couronne de laurier en or, en lui répétant "souviens-toi que tu es mortel" afin de l'appeler à la modestie.

Nos conseils Il existe plusieurs entrées, préférez celle sur le côté du Colisée, vers l'arc de Constantin. Pour profiter au mieux de la visite, prenez un audioguide.

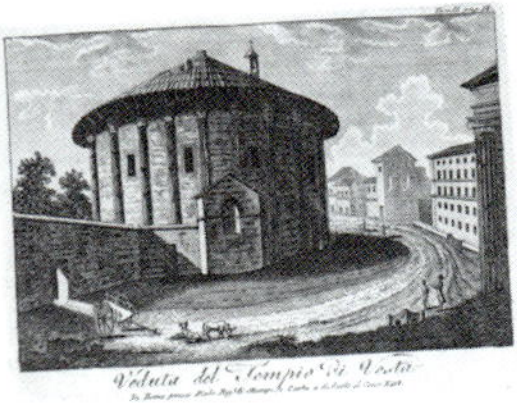

Plan p. 48-49 7 C4 ON Y VA !

Piazza del Colosseo • M B T Colosseo • coopculture.it • 06 3996 7700 • tlj 8h30-1h avant le coucher du soleil • adulte 12 €, enfant (– 18) gratuit (billet combiné avec Palatin et Colisée valable 2 j), audioguide en français 5 €, réservation en ligne conseillée • Roma Pass

Chercher une louve
au Palatino

À partir de 8 ans **Malgré son riche passé, le Palatin n'est plus, aujourd'hui, qu'un vaste champ de ruines qui risque d'ennuyer un peu les petits explorateurs.**

Surplombant le Forum, le Palatin peut se visiter directement à la suite de la visite de ce dernier (en fait c'est le même complexe). C'est un lieu capital, sur un plan historique, car il recèle de nombreux vestiges, mais cet **immense site** (on met 20 min à le traverser sans s'arrêter !) risque de paraître un gigantesque amoncellement de ruines pour les petiots. Selon la légende, c'est sur cette colline que la louve allaita Romulus et Remus et que Romulus fonda Rome. Sous la République, la colline du Palatin fut habitée par des familles patriciennes puis, entre le Ier et le IIIe siècle, les empereurs se succédèrent pour en faire leur **résidence impériale**. La colline devint un unique et gigantesque palais, symbole du pouvoir. Le mot "palais" dérive justement du nom Palatino !

Notre conseil Si vous souhaitez faire cette visite, la location d'un **audioguide** est vivement recommandée.

Plan p. 48-49 9 D4 ON Y VA ! ☐

Via San Gregorio, 30 ou accès par le Forum • M B T Colosseo • coopculture.it • 06 39967700 • tlj 8h30-1 h avant le coucher du soleil • adulte 12 €, enfant (– 18) gratuit (billet combiné avec Forum et Colisée valable 2 j), audioguide en français 5 €, réservation en ligne conseillée • Roma Pass

Visiter les plus vieux musées du monde

Musei Capitolini

À partir de 10 ans **Sculptures antiques, mosaïques, antiquités égyptiennes : voilà de quoi séduire les amateurs de grands musées.**

Créés en 1471 par le pape Sixte IV, les **Musées du Capitole** se sont enrichis au fil des siècles et réunissent plusieurs collections exposées dans trois bâtiments qui entourent la place du Capitole (le Palazzo dei Conservatori, le Tabularium et le Palazzo Nuovo).

Comme pour tous les grands musées, il n'est pas possible de tout voir en une seule fois. Voici donc nos recommandations pour capter l'attention de nos jeunes visiteurs au cours de cette visite. Si vous voulez de l'exotisme ou de l'ésotérisme, la **salle égyptienne** présente des sculptures provenant du temple romain dédié à Isis. Eh oui, il existait un sanctuaire égyptien en plein Rome. Sphinx, singe, épervier, tout le bestiaire égyptien est présent. Côté fresques et mosaïques, de remarquables exemples sont à admirer, comme celles de l'**enlèvement des Sabines**, des **Horaces** et des **Curiaces**, de **Romulus** et même d'**Hannibal** qui menaça Rome. Il est très facile de repérer les œuvres car les salles où elles sont exposées portent leurs noms.

Dans la cour du **palais des Conservateurs**, vous ne pourrez manquer une sculpture colossale. Il s'agit de la très (grosse) tête de l'empereur Constantin.

Enfin, arrêtez-vous un instant devant le mur du **temple de Jupiter**. Ces pierres datent du IVe siècle av. J.-C. Elles ont été transportées, taillées et mises en place par des hommes, il y a 2600 ans, à la naissance de Rome. C'est devant elles que les généraux romains se prosternaient, après avoir parcouru la Via Sacra lors de la célébration des triomphes. Le musée possède également une **pinacothèque** richement fournie qui présente les peintures de grands maîtres, tels que le Caravage, le Titien, Rubens, Vélasquez ou Véronèse.

Notre conseil Ne partez surtout pas sans aller admirer la **vue panoramique sur le Forum** depuis la cafétéria.

Plan p. 48-49 4 B3 ON Y VA ! ☐

Piazza del Campidoglio, 1 • B Venezia, Campidoglio, Fori imperali, T Venezia • museicapitolini.org • 06 0608 • tlj 9h30-19h30 • adulte 15€, enfant (6-25) 13€, (–6) et résidents à Paris 2€, (billet combiné avec la Centrale Montemartini, ajouter 1€); suppl. de 2€ si expo temp., même pour les entrées gratuites • Roma Pass

Voir une BD antique

dans les Fori Imperiali

À partir de 10 ans **Une visite peu intéressante pour les jeunes enfants, surtout si vous avez visité le Forum romain. Belle vue en surplomb depuis l'extérieur.**

Faute de place au Forum, Jules César et ses successeurs firent bâtir cinq Fori Imperiali (**forums impériaux**). Le **forum de Trajan**

est le dernier construit et le mieux conservé, mais tout est relatif car il faut beaucoup d'imagination pour interpréter ces ruines. Néanmoins, il est facilement repérable grâce à sa colonne en marbre, qui ne s'admire hélas que de loin. C'est dommage, car elle est ornée de **184 scènes avec 2 500 personnages** (on ne les a pas comptés, d'autres l'ont fait, heureusement pour nous !) représentant les victoires de Trajan sur les Daces. Elles passent pour être lues comme une BD. Pour en savoir plus, un petit film à la fin de la visite des Domus Romane (p. 58) vous racontera de manière très claire son histoire. Quant au grand ensemble en brique rouge, c'est tout ce qu'il reste de la **basilique** et des **marchés de Trajan**.

Plan p. 48-49 8 C3 ON Y VA ! ☐

Via IV novembre, 94 • B Piazza Venezia • fr.mercatiditraiano.it • 06 0608 • tlj 9h30-19h30 • adulte 11,50 €, enfant (6-25) 9,50 €, (−6) et résidents à Paris gratuit, audioguide en français 4 € • Roma Pass

Voir Rome d'en haut
au Vittoriano

Tous âges **Ce bâtiment tout blanc, qui ressemble à une gigantesque pièce montée, offre un superbe panorama depuis la terrasse supérieure.**

Le **monument à Victor-Emmanuel II** est cher au cœur des Italiens car c'est le mémorial dédié à l'unification de l'Italie de 1861 et à son premier roi, Victor-Emmanuel II. La structure mesure 135 m de large et 70 m de haut. Son plus grand intérêt est, sans conteste, sa vue panoramique depuis la terrasse supérieure. Pour vous y rendre, deux ascenseurs extérieurs tout en verre, situés à l'arrière de l'édifice, permettent de découvrir peu à peu le panorama en s'élevant. Spectacle garanti pour les bambins !

Notre conseil Si vous trouvez cela trop cher (7 €), poursuivez votre chemin en passant devant les ascenseurs et vous aurez tout de même une vue magnifique sur les forums.

Plan p. 48-49 5 B3 ON Y VA ! ☐

Piazza Venezia • B Venezia, Campidoglio, Fori imperali, T Venezia • 06 678 0363 • lu-je 9h30-18h30, ve-di 9h30-19h30 • accès à l'ascenseur panoramique : adulte 7 €, enfant (– 18) 3,50 €, (– 10) gratuit

Traverser 1000 ans d'histoire
à la Basilica di San Clemente

À partir de 8 ans Sorte de mille-feuille architectural, la basilique se décompose en plusieurs étages offrant une étonnante compilation historique.

La basilique Saint-Clément est construite sur une ancienne basilique, elle-même édifiée sur une maison romaine. Au niveau inférieur, on peut encore voir un ancien **temple dédié à Mithra** datant du Ier siècle. Au-dessus, la **basilique d'origine** (IVe siècle) possède quelques vestiges de ses belles fresques. Enfin, la basilique actuelle (XIIe siècle) recèle de **remarquables fresques romanes**, un sol en marqueterie de pierre et des mosaïques.

Plan p. 48-49 ⓬ E4 ONYVA ! ☐

Via San Giovanni in Laterano, 108 • Ⓜ Colosseo •
basilicasanclemente.com • 06 7740 0021 •
lu-sa 9h-12h30, 15h-18h, di 12h15-18h •
adulte 10 €, enfant (–16) gratuit

Faire un saut dans l'Antiquité
aux Domus Romane du Palazzo Valentini

Tous âges **Vestiges archéologiques et projections multimédias se mêlent pour présenter l'histoire de la Rome antique d'une façon ludique.**

Grâce à l'utilisation bluffante de la technologie, le Palazzo Valentini entremêle **vestiges réels et reconstitutions** pour vous transporter, comme par magie, dans la Rome antique. Vous allez découvrir la **décoration des villas romaines antiques**, leurs murs aux chaudes couleurs, leurs portiques et leurs fresques. On passe sans arrêt du réel à la projection d'images. Ici, par exemple, la magie d'une **projection multimédia** transforme un simple mur de brique en balcon, d'où vous observez la cour intérieure en contrebas.

Plus loin, sous un **vaste plancher de verre**, se trouvent des ruines bien réelles, à qui un savant éclairage et un commentaire intelligent redonnent vie. Et on passe de salle en salle. Ce musée n'est pas le plus connu, mais il a su mettre en valeur les ruines des **villas romaines** sur lesquelles il a été construit. Petite curiosité : une partie de l'expo se tient dans un **ancien bunker** datant de la Seconde Guerre mondiale.

Plan p. 48-49 6 B2 ON Y VA !

Via IV Novembre, 119A • B IV Novembre, Venezia • palazzovalentini.it • 06 32810 • me-lu 9h30-18h30 • adulte 12 €, enfant (6-17) 8 € (– 6) gratuit, réservation obligatoire pour une visite en français, réservation en ligne : + 1,50 €

Flâner dans les ruelles du ghetto

Tous âges Cet ancien ghetto juif n'a pas le charme du quartier juif de Prague, mais ses rues paisibles sont très agréables à parcourir.

Ce petit quartier populaire possède de **charmantes ruelles** où il est agréable de se promener. On y trouve la plus grande synagogue d'Europe et quelques restaurants casher. Présente à Rome depuis l'Antiquité, elle est la plus ancienne **communauté juive** d'Europe. En fonction des empereurs, les attitudes envers cette communauté ont été bienveillantes ou hostiles. Entre le XVIe et le XIXe siècle, les juifs de Rome furent contraints de résider dans ce ghetto, entièrement cerné de murs. Fermé le soir, il était réouvert chaque matin et cela jusqu'en 1848. Après 1861, le mur est abattu.

Aujourd'hui, les Romains s'y bousculent pour goûter la cuisine judéo-romaine avec les célèbres *carciofi alla giudia* (artichauts frits) ou la délicieuse tarte à la ricotta et griottes de la boulangerie Boccione (p. 140).

Plan p. 48-49 2 A3 ON Y VA !

Lungotevere Cenci • B Monte Savello, Lungotevere de Cenci

JEU DANS LE LIVRET ENFANT VOIR PAGE 4

Jouer à l'explorateur
sur l'Isola Tiberina

Tous âges **Vénérée par les Romains, l'île Tibérine est au cœur d'une légende qui sauva Rome.**

Située dans une boucle du Tibre, la toute petite **île Tibérine** (270 × 67 m) fut pourtant le **cœur de la cité romaine**. Il reste peu de vestiges antiques mais on sait que les Romains y établirent un port de commerce et des marchés. L'île leur permettait aussi de franchir aisément le fleuve. Elle conserve encore deux ponts antiques : le Ponte Fabricio (62 av. J.-C.), aujourd'hui encore utilisé par les piétons, et le Ponte Aemilius (IIe siècle av. J.-C.), au sud de l'île, dont il ne reste plus qu'une seule arche.

Regardez bien l'île : sa forme ressemble un peu à celle de la coque d'un bateau. Les Romains l'avaient en partie façonnée ainsi en hommage au navire du serpent d'Esculape qui, selon la légende, sauva Rome de la peste. Le **serpent sacré**, symbole du dieu de la Médecine, se serait jeté dans le fleuve indiquant le futur emplacement de son temple, aujourd'hui devenu la **basilique de Saint Barthélemy-en-l'Île**. La tradition médicale s'est conservée avec la construction de l'hôpital, en 1582.

Pour profiter au mieux de cette visite, faites le **jeu du livret enfants.** L'été, vous pouvez faire aussi le tour de l'île par les berges, mais, le reste de l'année, vous ne pourrez que la traverser.

Plan p. 48-49 1 A4 ONYVA !

T *Arenula-Min. G. giustizia, Belli*

Passer au détecteur de mensonge

à la Bocca della Verità

Tous âges **Sous le portique de l'église Santa Maria in Cosmedin, on peut glisser sa main dans la Bouche de la Vérité. Prêts à essayer ?**

De nombreux visiteurs se pressent dans cette église pour passer **l'épreuve de la vérité**. Pour cela, ils passent la main dans la bouche d'une grosse tête barbue qui orne une plaque de pierre. Les menteurs voient leur main avalée ! Qui a le courage de glisser sa main ? Pour la petite histoire, il semblerait que cette plaque soit en fait une ancienne bouche d'égout. Mais, chut, laissons cette légende, qui date du XIe siècle, perdurer !

L'**église Santa Maria in Cosmedin** conserve un très beau pavement provenant de l'ancienne basilique Saint-Pierre et de belles fresques. Son campanile ajouré est le plus haut de Rome. La place portait le nom de **forum Boarium** et était l'ancien marché au bétail de la ville. Deux temples et un arc sont encore debout. À l'angle de la via di Ponte Rotto, observez la **Casa dei Crescenzi**, un véritable patchwork architectural appartenant à des époques différentes ; la maison médiévale a été érigée à partir des ruines du temple antique.

Plan p. 48-49 3 B4 ON Y VA ! ☐

Piazza Bocca della Verità • M B Circo Massimo, B Bocca della Verità • 06 678 7759 • tlj (hiver) 9h30-17h (fermeture portes 16h50), (été) 9h30-18h (fermeture portes 17h50)

Prendre un bain
aux Terme di Caracalla

À partir de 8 ans **Les plus grands des thermes romains étaient un gigantesque parc de loisirs comme nous en connaissons un peu aujourd'hui.**

Bâtis entre 212 et 235, sous le règne de l'empereur Caracalla et utilisés jusqu'au VIe siècle, les **thermes** étaient des bains publics, conçus comme un parc de loisirs de luxe gigantesque (6 ha), qui pouvaient accueillir environ 1600 personnes en même temps.
Ils possédaient des voûtes superbes, des stades, des bibliothèques, des statues, des commerces, des jardins et des fontaines.

Des bains oui, mais pas que...
Inventés par les Grecs, mais améliorés par les Romains, les thermes faisaient partie intégrante de la vie urbaine romaine. On s'y lavait, on y rencontrait ses amis, on jouait aux dés, on y faisait du sport, on lisait dans les bibliothèques, on pouvait aussi y traiter des affaires ou se restaurer.

Les thermes se composaient de plusieurs bains : quatre bains froids *(frigidarium)*, sept bassins chauds *(caldarium)* et des salles de sudation. Ces bains ne permettaient pas la natation. Pour nager, il fallait se rendre dans un autre bain, plus grand et découvert, le *natatio*. Un orchestre jouait pour distraire les baigneurs. De nos jours, malheureusement, il ne reste que de grands murs toujours debout, de vastes salles vides, des bassins et quelques mosaïques.

Notre conseil Ces ruines frappent par leur aspect colossal. Néanmoins, si vous voulez profiter au mieux de cette visite, prenez un **audioguide** ou, mieux encore, faites la visite avec un guide officiel.

Plan p. 48-49 ⑩ D5 ON Y VA ! ☐

Via Terme di Caracalla • M Circo Massimo, B Caracalla, Bacelli, Porta Capena • archeoroma.beniculturali.it • 06 3996 7700 • tlj 9h-19h15 (avr-août), fermeture 1 h avant le coucher du soleil le reste de l'année • adulte 6 €, enfant (– 18) gratuit (billet combiné avec le mausolée de Caecilia Metella, valable 7 j), audioguide 5 € • Roma Pass

Honorer les rois de France

à San Giovanni in Laterano

À partir de 6 ans **La basilique Saint-Jean-de-Latran est l'église la plus ancienne de Rome. Elle est considérée comme la mère de toutes les églises du monde.**

Édifiée au IVe siècle par le premier empereur chrétien, **Constantin**, cette imposante basilique est seulement dépassée en taille par la basilique Saint-Pierre, au Vatican. Détruite et reconstruite à de nombreuses reprises, elle fut le **siège de la papauté** entre le XIIe et le début du XIVe siècle. Actuellement, après son élection, chaque nouveau pape y est intronisé.

La basilique possède un **lien spécial avec la France**. Louis XI aida financièrement à sa reconstruction mais c'est Henri IV qui assura

des rentrées d'argent régulières. Les rois de France reçurent alors le titre de chanoine d'honneur. Et c'est maintenant au président de la République française que revient le titre.

L'édifice actuel date du XVIIe siècle mais les grandes portes en bronze de l'entrée principale proviennent de la Curie romaine et datent de plus de 2000 ans. À l'extérieur, vous pourrez admirer des **statues monumentales**. À l'intérieur, chacune des statues des **douze apôtres** est abritée dans une large niche. L'abside est décorée d'une magnifique mosaïque du IVe siècle, restaurée au XIIIe siècle.

Plan p. 48-49 14 F5 ON Y VA ! ☐

Piazza San Giovanni in Laterano • M San Giovanni, T Porta San Giovanni-Carlo Felice, B Porta San Giovanni • 06 698 86 433 • tlj 7h-18h30 pour la basilique, 7h-12h30 et 16h-19h pour le baptistère

S'inviter à la table de Livia et d'Auguste

au Palazzo Massimo alle Terme Museo Nazionale Romano

À partir de 8 ans **Ce musée n'est pas le plus connu mais, pourtant, il recèle des fresques et des mosaïques antiques que vous ne verrez nulle part ailleurs.**

Pour aiguiser la curiosité des *bambini*, descendez directement au sous-sol du **Musée national romain** où une vitrine renferme **une poupée et des petits bijoux** ayant appartenu à la petite fille de Grottarossa et voyez à quoi

ressemblaient les jouets il y a 2000 ans. Au même étage, le musée expose deux copies d'époque d'une célèbre statue : le **Discobole** (le "lanceur de disque"). Il était très fréquent alors de faire plusieurs copies d'une œuvre, voire de la modifier au fil des ans, chaque artiste y laissant sa propre empreinte. Un peu plus loin, admirez la statue grecque d'un **boxeur ganté** au visage marqué par le combat (IIe siècle av. J.-C.).

Le second étage est dédié à de remarquables **fresques et mosaïques** de l'Antiquité romaine. Si vous n'avez jamais vu de fresques romaines, c'est là qu'il faut venir. Une pièce décorée de fresques a été déplacée de la **maison de Livia** (l'épouse d'**Auguste**) vers ce musée. Il s'agit sans doute d'une salle à manger d'été. Les fresques représentent un jardin, ses plantes et sa petite faune, qu'enfants et adultes auront plaisir à découvrir.

Des salles de la **villa Farnesina** (résidence de la période d'Auguste) ont également été reconstituées, grandeur nature. Les fresques, mythologiques ou tirées de la vie quotidienne, sont colorées comme à Pompéi.

Plan p. 48-49 ⑬ E1 ON Y VA ! ☐

Largo di Villa Peretti, 1 • M Termini-Republica T Amendola, B Termini • archeoroma.beniculturali.it/musei • 06 3996 7700 • ma-di 9h-19h45 • adulte 7 €, enfant (– 18) gratuit (valable 3 j pour les quatre sites du Museo Nazionale Romano : Palazzo Massimo alle Terme, Crypte de Balbi, thermes de Dioclétien et Palazzo Altemps) ; suppl. de 3 € si expo temp. • Roma Pass

Qu'est ce qu'une fresque ?

Le terme vient de l'italien *a fresco* qui signifie "dans le frais". Il s'agit d'une technique de peinture murale, très ancienne, qui s'effectue sur un enduit qui n'est pas encore sec pour permettre aux pigments de bien pénétrer et donc aux couleurs de durer plus longtemps. Son exécution nécessite une grande habileté.

VATICAN

Le Vatican, avec ses 44 ha, est le plus petit État du monde. Il fait partie de l'Europe, sa monnaie est l'euro et il compte environ entre 800 et 900 habitants. La langue officielle est l'italien, mais la langue juridique est le latin, la langue militaire l'allemand et la langue diplomatique le français. Les plus beaux musées vous y attendent. Hors de l'État du Vatican, mais dans cette même zone géographique, ne ratez pas le château Saint-Ange.

Chercher les clés du paradis
à la Basilica di San Pietro

Tous âges **La basilique Saint-Pierre est la plus grande et la plus somptueuse du monde. Sa visite sera forte en émotions, même pour les non-croyants.**

L'**empereur Constantin** édifia la première église Saint-Pierre (au IVe siècle). Reconstruite aux XVIe et XVIIe siècles, elle est entièrement décorée de statues, peintures et fresques d'exception. Armez-vous de patience : non seulement il y a foule mais également un service de sécurité très pointilleux.

À l'intérieur, vous admirerez quelques chefs-d'œuvre comme le ***Jésus marchant sur l'eau*** de Giotto, ou encore la célébrissime ***Pietà*** de **Michel-Ange** qu'il a réalisée à l'âge de 24 ans seulement. C'est la seule œuvre qu'il signa de son nom. Plus loin, vous pourrez observer des gens qui se pressent autour de la **statue de saint Pierre** gardant les clés du paradis. Les fidèles ont rendu son pied droit brillant à force de le toucher, dans l'espoir de s'attirer ses bonnes grâces. La croyance lui prête en effet de nombreux pouvoirs.

Réalisez un miracle !

Placez-vous sur la place Saint-Pierre, entre l'obélisque et les rangées de colonnes, sur une pierre blanche. Et là, ô miracle, il n'y a plus qu'une seule rangée de colonnes. La seconde a disparu. Chaque colonne de l'arrière est dissimulée par la colonne de devant. Même chose de l'autre côté de l'obélisque.

La **coupole** se visite et offre une **magnifique vue** sur la place Saint-Pierre et la ville. Il existe deux moyens d'y accéder : un escalier très étroit de 551 marches ou un ascenseur. Mais, attention, il vous faudra encore gravir 320 marches après ça ! Sachez qu'aucun retour n'est possible. Il n'y a qu'un seul sens de marche. Une fois engagé, vous n'avez aucune possibilité de rebrousser chemin. Cette ascension fatigante est déconseillée aux asthmatiques, cardiaques, claustrophobes, femmes enceintes et jeunes enfants... Mais le jeu en vaut la chandelle !

Nos conseils Cuisses et épaules doivent être couvertes, sinon vous ne pourrez pas entrer. Évitez le mercredi, jour des audiences, et les périodes de grandes cérémonies (comme la semaine sainte ou Pâques).

Plan p. 68 2 C3 ON Y VA !

Piazza San Pietro • M B Ottaviano-San Pietro, T Risorgimento-San Pietro, Conciliazione • vatican.va • 06 6988 3731 • tlj 7h-19h (avr-sept), 7h-18h30 (oct-mars) • gratuit, sf coupole : 8 € (ascenseur + 320 marches), 6 € (escalier, 551 marches)

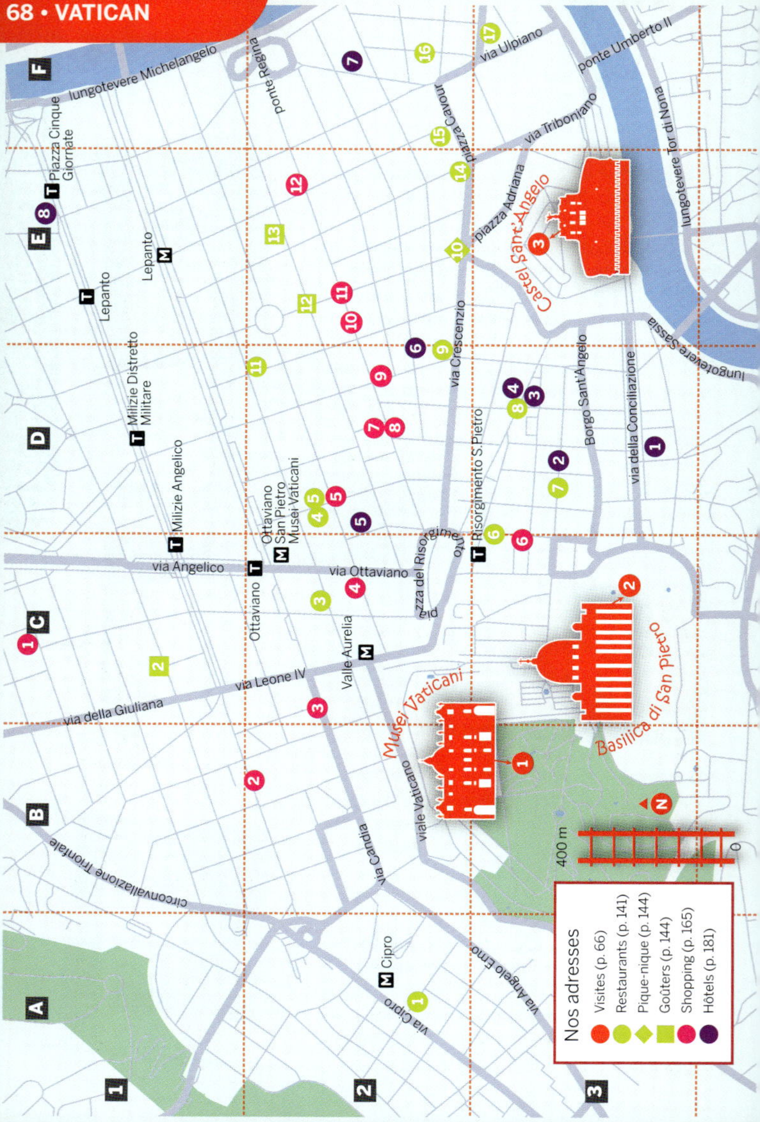
Nos adresses
Visites (p. 66)
Restaurants (p. 141)
Pique-nique (p. 144)
Goûters (p. 144)
Shopping (p. 165)
Hôtels (p. 181)
Musei Vaticani
Basilica di San Pietro
Castel Sant'Angelo
lungotevere Michelangelo
Piazza Cinque Giornate
ponte Regina
via Ulpiano
ponte Umberto II
piazza Cavour
via Triboniano
piazza Adriana
lungotevere Tor di Nona
lungotevere Sassia
Lepanto
Milizie Distretto Militare
Milizie Angelico
via Angelico
Ottaviano San Pietro Musei Vaticani
Ottaviano
via Ottaviano
via Crescenzio
Risorgimento S. Pietro
piazza del Risorgimento
Borgo Sant'Angelo
via della Conciliazione
Valle Aurelia
via Leone IV
via della Giuliana
viale Vaticano
via Candia
circonvallazione Trionfale
Cipro
via Cipro
via Angelo Emo
400 m
0
N

Voir un célèbre plafond
aux Musei Vaticani

À partir de 10 ans **Un musée c'est assez fatigant pour des enfants, alors quid de onze ? Mais avouons que voir en vrai la chapelle Sixtine, c'est assez tentant !**

Onze musées, cinq galeries, 1400 salles, 5,5 ha. Impossible de voir tous les **musées du Vatican** en une seule fois. Alors, concentrez-vous sur les œuvres majeures avec, en vedette incontestée, la **chapelle Sixtine** où les cardinaux se réunissent encore de nos jours pour désigner un nouveau pape. Les **fresques du plafond** et l'un des murs sont de Michel-Ange. Sur la voûte, on découvre des scènes de la Genèse et notamment ***la Création d'Adam*** où Dieu tend la main vers Adam pour lui donner la vie. Sur le mur du fond sont peintes des scènes d'un terrifiant ***Jugement dernier***.

Rhabillez-les !
À l'époque, en 1541, le plafond de la chapelle Sixtine fait scandale avec ses 400 personnages, tout nus. Le pape Paul III demandera quelques années plus tard, après la mort de Michel-Ange, à l'un de ses assistants, Daniele da Volterra, d'en voiler un certain nombre. Ce peintre fut surnommé *Il Braghettone* ("le faiseur de culottes").

Les quatre **chambres** *(stanze)* **de Raphaël** sont les salles de réception du pape Jules II décorées par Raphaël. Elles furent commencées par le maître en personne mais ce sont ses élèves qui les ont terminées après sa mort. Avec des enfants, il est préférable de les parcourir rapidement car leur opulence peut saturer leur attention. Au passage, jetez un œil dans la **chambre de l'incendie du Borgo**.

Le **Museo Gregoriano Egizio** témoigne de l'intérêt des Romains pour l'**Égypte**. Le pape Grégoire XVI accumula, au XIXe siècle, une très riche collection d'objets issus de fouilles (momies, sarcophages, stèles) achetés par les papes à la fin du XVIIIe siècle et de statues

apportées à Rome à l'époque impériale. La **pinacothèque**, quant à elle, présente une formidable collection des **plus grands maîtres** de la peinture du Moyen Âge au XVIIIe siècle : Poussin, de Vinci, le Caravage, Raphaël.

Activités enfants Le Family Tour inclut un audioguide en français et un plan illustré du parcours pensés spécialement pour les enfants de 5 à 12 ans. Le kit est disponible au bureau Antenna International dans le **Cortile delle Corazze**, en haut des escalators.

Notre conseil Réservation en ligne indispensable car c'est un des lieux les plus visités de Rome.

Plan p. 68 1 B3 ON Y VA ! ☐

Entrée par la Viale Vaticano • museivaticani.va • M Cipro, T Risorgimento-San Pietro, B Ottaviano-San Pietro, Conciliazione • lu-sa 9h-18h (entrée jsq 16h) • adulte 16 €, enfant (6-18) 8 €, (– 6) gratuit • dernier di du mois gratuit 9h-14h (entrée jsq 12h) • Family Tour 5 € par personne • audioguide 7 €

Croiser un ange
au Castel Sant'Angelo

À partir de 5 ans **Ce monument "mille-feuille" qui a été tour à tour mausolée, prison, forteresse et palais de la Renaissance offre une vue superbe sur Rome.**

À l'origine, en l'an 135, l'édifice est construit en tant que mausolée de l'empereur Hadrien et de ses successeurs. Arrive le Moyen Âge ; le monument devient **forteresse et prison**, la plus importante de Rome. Le château remplit ensuite des fonctions militaires, devient refuge des papes avant d'être transformé en palais par le pape Paul III, au XVIe siècle.

La visite se déroule chronologiquement, en commençant par la partie souterraine qui abrite les tombeaux impériaux. Une longue rampe en spirale arrive dans la cour d'honneur du château fort avec ses canons, ses pyramides de boulets, ses meurtrières, son chemin de ronde au plafond décoré de fresques. Au 2e niveau, c'est le passage par la case **prison** avec ses cellules sombres et minuscules. Puis vient la partie palais avec ses **appartements luxueusement décorés** de fresques comme les somptueuses salles Pauline et Apollon. Le must est à venir avec, de la terrasse supérieure, une **vue imprenable sur la ville et le Vatican**.

Ne manquez pas de parcourir le pont Saint-Ange et ses **dix statues d'anges** – œuvres de l'école du Bernin – et au pied desquelles sont gravées des phrases en latin prononcées par Jésus sur le chemin de croix.

Notre conseil À l'arrière du château se trouve un petit parc pour faire une halte ou un pique-nique et qui permet d'admirer les fortifications du château.

Plan p. 68 3 E3 ON Y VA ! ☐

Lungotevere Castello, 50 • M Lepanto, Ottaviano-San Pietro, T Lepanto, B Piazza Pia, Conciliazione, Crescenzio-Terenzio • castelsantangelo.com • 06 6819111 • ma-di 9h-19h30 • adulte 10,50 € (suppl. si expo temp.), enfant (–18) gratuit • Roma Pass

Le Bernin

Ce sculpteur baroque italien du XVIIe siècle a laissé de nombreux témoignages de son art à Rome. Considéré à l'époque comme l'égal de Michel-Ange, il passera cinq mois à Versailles en 1665, à la demande de Louis XIV, pour redessiner la façade du Louvre. Mais le projet n'aboutira jamais.

TRASTEVERE

La rive droite du Tibre abrite un quartier plein de charme : le Trastevere. Une sorte de petit village hors du temps avec ruelles pavées, façades colorées, placettes pittoresques, trattorias typiques et petites échoppes. Évitez néanmoins l'affluence du samedi soir car le quartier, devenu très à la mode, attire bon nombre de fêtards. Quelques atouts pour les enfants : le parc de la villa Pamphilj, le musée de Roma in Trastevere, sans oublier le coup de canon du Janicule.

Nourrir les tortues

de la villa Doria Pamphilj

Tous âges **La villa Doria Pamphilj est le plus grand jardin public de Rome, un véritable îlot de verdure en pleine ville.**

La villa Pamphilj (prononcez "pamphili") est une oasis de 174 ha en plein Rome. Parterres ordonnés, jeux pour enfants, lac, pinède, fontaines monumentales et statues ponctuent agréablement votre balade. Point d'orgue : une halte au bord de l'étang, peuplé de **tortues** qui attendent avec impatience l'arrivée des promeneurs venus leur lancer du pain. Ces tortues d'eau douce appartiennent à l'espèce des Cistudes. Quelques petits trucs pour vous aider à reconnaitre les mâles : leurs yeux sont rouges, leur taille est plus petite et leur carapace plus plate que celles des femelles.

Nos conseils La circulation automobile tout autour de la villa Pamphilj est importante. Évitez donc de longer la Via Vitellia à pied. Pour organiser un pique-nique, pensez au **Vivi Bistrot**, situé dans le parc, qui propose des paniers tout prêts, à emporter (p. 147).

L'origine du mot *villa*

Ce mot signifie en latin : "une ferme dans un vaste domaine agricole". Dans la Rome antique, la villa Doria Pamphilj était en fait en pleine campagne. En centre-ville, à la même époque, on pouvait déjà trouver des immeubles à plusieurs étages (dans le style de nos bâtiments contemporains). On les appelait *insula*.

Plan p. 74 1 B2 ON Y VA ! ☐

Plusieurs entrées (préférez celle située à l'est de la Via Leone XIII), T *Casaletto, Gianicolense-Colli Portuensi,* B *Leone XIII, Via Pamphili • villapamphili.it • 06 3996 7740 • tlj de 7h jusqu'au soir*

Entendre tonner le canon

sur la colle del Gianicolo

Tous âges **La colline du Janicule, l'une des sept collines de Rome, offre l'un des plus beaux panoramas sur la ville et quelques activités qui plairont aux enfants.**

Sur la place Garibaldi, au sommet de la colline du Janicule, **tous les jours à midi**, une foule de curieux se regroupe. Attention les oreilles ! **Un coup de canon** est tiré par des militaires italiens pour signaler qu'il est midi. Ainsi, toutes les églises peuvent (enfin) sonner les cloches à l'heure et en même temps, ce qui n'était pas le cas avant 1847. En effet, avant cette date, chaque clocher de Rome sonnait midi à son heure !

Cette **vue panoramique** passe pour être parmi les plus belles de Rome. Elle embrasse un espace sur 174°. En arrière-plan, l'horizon s'arrête aux montagnes de l'Apennin, souvent enneigées jusqu'à la fin avril. Un peu plus bas, en direction du Trastevere, dans une courbe de la route, se dresse une belle fontaine : la **Fontana dell'Acqua Paola**, qui date du XVIIe siècle. Située Piazza di San Pietro in Montorio, elle est en forme d'arc de triomphe et domine un large bassin.

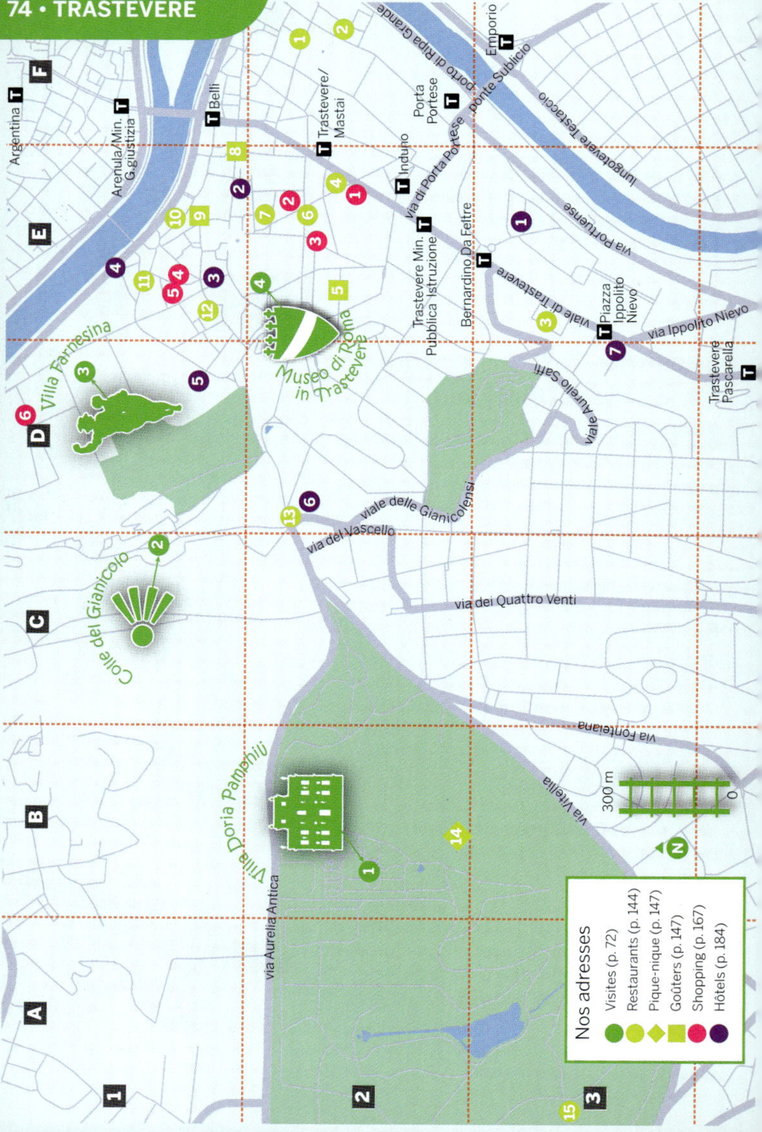
Villa Farnesina
Colle del Gianicolo
Museo di Roma in Trastevere
Villa Doria Pamphilj
Argentina
Arenula/Min. G.giustizia
Belli
Trastevere/ Mastai
Induno
Porta Portese
Emporio
Trastevere Min. Pubblica Istruzione
Bernardino Da Feltre
Piazza Ippolito Nievo
Trastevere Pascarella
porto di Ripa Grande
ponte Sublicio
lungotevere Testaccio
via di Porta Portese
via Portuense
viale di Trastevere
via Ippolito Nievo
viale Aurelio Saffi
viale delle Gianicolensi
via del Vascello
via dei Quattro Venti
via Fonteiana
via Vitellia
via Aurelia Antica
300 m
0
N
A
B
C
D
E
F
1
2
3
Nos adresses
Visites (p. 72)
Restaurants (p. 144)
Pique-nique (p. 147)
Goûters (p. 147)
Shopping (p. 167)
Hôtels (p. 184)

Activités enfants Un **petit théâtre de marionnettes** (en italien) propose des saynètes, pour la plus grande joie des petits, à qui la langue de Dante ne devrait pas poser de problème. Autre distraction possible : une **balade à dos de poney**.

Notre conseil Avec de jeunes enfants, il vaut mieux y accéder en bus plutôt qu'à pied.

Plan p. 74 ② C1 ON Y VA ! ☐
Passeggiata del Gianicolo • B *Piazza Garibaldi*

Vivre comme un Romain du XIXe siècle
au Museo di Roma in Trastevere

Tous âges **Des scènes de la vie quotidienne au XIXe siècle, grandeur nature, avec mobilier et mannequins en costumes d'époque. On s'y croirait !**

Ce musée original retrace la **vie des habitants** du Trastevere au XIXe siècle. L'apothicaire accueille ses patients parmi ses armoires vitrées où sont rangés ses précieux flacons. L'auberge est en pleine activité avec ses clients attablés devant leur assiette de nourriture. L'écrivain public s'est installé à sa table et prépare sa plume. Le musée évoque également les **activités d'autrefois** : le marché aux poissons, le boulanger, les lavandières, le marchand de vin. Il présente aussi de nombreuses reproductions du Trastevere ancien et des expositions temporaires de photographies plus contemporaines.

Notre conseil Ce musée fermant à 20 h, il peut compléter une flânerie dans les ruelles du Trastevere.

Plan p. 74 4 E2 ON Y VA ! ☐

Piazza Sant'Egidio, 1B • T Belli ou Trastevere-Mastai, B Sanzio-Filipperi • museodiromaintrastevere.it • 06 0608 • tlj (sf lu) 10h-20h • adulte 6 €, enfant (6-25) 5 € (suppl. de 2,50 € si expo temp.), (– 6) gratuit • Roma Pass

Se faire berner par un trompe-l'œil

à la villa Farnesina

À partir de 8 ans **Ce palais de la Renaissance, célèbre pour ses fresques et ses trompe-l'œil, va intriguer les enfants. Les fans de Raphaël seront ici aussi comblés.**

La villa Farnesina fut construite avec beaucoup de faste au tout début du XVIe siècle par un très riche banquier de Sienne, Agostino Chigi. Elle fut rachetée par le cardinal Alexandre Farnèse, d'où elle tire son nom actuel. Les salles de la villa sont couvertes de **superbes fresques** illustrant des scènes de la mythologie et des **trompe-l'œil** ouvrant artificiellement les pièces fermées sur de faux jardins ou donnant l'illusion d'un panorama sur le Tibre.

Dans la **salle des perspectives**, admirez la vue panoramique sur Rome à travers les colonnes, mais attention… c'est un trompe-l'œil ! Dans la loggia de Psyché, levez la tête pour découvrir au plafond ***Psyché reçue dans l'Olympe***, avec Jupiter sur son aigle et Neptune qui, visiblement, ne lâche jamais son trident. Plus loin, salle de Galatée, le ***Triomphe de Galatée*** sur son coquillage évoque cette jeune déesse, qui se moque des avances du cyclope Polyphème. D'autres fresques évoquent la nature ou la grandeur de certains personnages historiques. Ces décorations sont dues à **Raphaël** et à ses assistants. Si vous avez raté le peintre au Vatican, vous pouvez vous rattraper ici. Selon la légende, Michel-Ange pénétra en secret dans la salle de Galatée, trop curieux du travail de son rival et y dessina un portrait au carbone. Raphaël le vit, mais ne l'effaça pas. Cette tête est encore visible dans l'un des tympans. En réalité, elle a été peinte par Peruzzi... Pour la petite histoire, la villa accueille de nos jours une académie scientifique fondée en 1603, à laquelle appartint le célèbre Galilée.

Plan p. 74 3 D1 ON Y VA ! ☐

Via della Lungara, 230 • B Piazza Belli-Lungotevere della Farnesina • villafarnesina.it • 06 6742 7268 • lu-sa 9h-14h, 2e di du mois 9h-17h avec visite guidée et musique (12 €) • adulte 6 €, enfant (14-18) 5 €, (10-13) 3 €, (– 10) gratuit (réduction sur présentation des billets des musées du Vatican de moins de 7 j)

Raphaël et ses assistants

Reconnu de son vivant comme un génie, Raphaël était très sollicité. Pour répondre à toutes les commandes, il créa un atelier avec près d'une cinquantaine d'artistes à son service. Le maître était si rigoureux avec son équipe qu'il n'est pas toujours aisé de distinguer qui, de lui-même ou de l'un de ses assistants, a réalisé une œuvre.

BORGHESE

Toute la famille appréciera cette zone très variée. On y trouve l'un des plus prestigieux musées d'art de Rome, la Galleria Borghese, un musée d'art contemporain ainsi qu'un musée dédié aux petits curieux, Explora. Vous pourrez flâner dans les jardins de la villa Médicis, vous délasser ou pique-niquer dans le parc de la villa Borghese. Enfin, les *bambini* vous tireront sûrement par la manche pour aller faire un tour au Bioparco, le parc animalier de Rome.

Faire du poney

aux parcs de la villa Borghese et du Pincio

Tous âges **Faux obélisque, horloges à eau, promenade à dos de poney ou sur de drôles de machines, ces deux parcs vous réservent d'agréables moments.**

Cette **oasis de verdure** de 120 ha se compose du parc de la **villa Borghese** qui se prolonge par le **parc du Pincio.** Vous trouverez de vastes pelouses ponctuées de petits lacs et de statues.

Du côté de la Galleria Borghese, les enfants peuvent faire une **balade à dos de poney** ou une promenade en **barque à rames**, sur le *laghetto* (lac). Il faut juste trouver le galérien qui va ramer ! Du côté du Pincio, vous pouvez louer des **vélos à quatre places** (des *Risciò*) ou vous essayer à la trottinette électrique. Un **petit train** propose une balade dans le parc. On trouve également un charmant **petit théâtre de marionnettes** (en italien), le San Carlino, où Pulcinella (Polichinelle) et quelques marionnettes se disputent la vedette avec des comédiens, des musiciens et des clowns pour le plus grand

Des horloges à eau

Au cours de votre promenade, vous croiserez sans doute la Via dell'Orologio, la rue des horloges à eau. Au centre d'un petit bassin, ces horloges, qui datent de 1867, possèdent un étonnant mécanisme actionné par un simple filet d'eau.

bonheur des *bambini*. Enfin, depuis la terrasse qui surplombe la Piazza del Popolo, dans le Pincio, le **panorama** sur Rome est superbe.

Notre conseil Ces deux parcs sont un lieu de premier choix pour un pique-nique (p. 150).

Plan p. 80-81 5 C4 ON Y VA ! ☐

Entrées Via Gabriele d'Annunzio, Viale di Villa Medici, Viale delle Magnolie ou par la Galleria Borghese • M Flaminio, B Borghese, Corso-Popolo

S'offrir un tête-à-tête avec les grands maîtres
à la Galleria Borghese

À partir de 8 ans **Les œuvres des grands maîtres à admirer en petit comité ? Voici une occasion parfaite pour sensibiliser les enfants à l'art.**

La Galleria Borghese a mis en place des **visites très qualitatives**, où le nombre de visiteurs est limité dans chaque salle. Le tout est parfaitement orchestré par des gardiens qui ouvrent les portes une à une, permettant ainsi de ne pas avoir à jouer des coudes devant les œuvres. Un vrai bonheur pour les enfants.

La Galleria Borghese a été construite pour mettre en valeur la collection personnelle de Scipione Borghese, neveu du pape (XVIIe siècle). Vous pourrez admirer *Orphée* de **Bruegel l'Ancien**, *La Vierge à l'enfant* de **Botticelli**, *Léda* de **Léonard de Vinci**, *La Fornarina* ou *La Déposition* de **Raphaël**, *L'Amour sacré, l'Amour profane* du **Titien**, *La Madone des*

Un collectionneur peu fréquentable

Scipione Borghese était tellement passionné d'art qu'il n'hésita pas à emprisonner un artiste qu'il admirait, mais qui ne voulait pas lui céder sa collection de 500 pièces. Le malheureux Cavalier d'Arpin se retrouva ainsi en prison et sa peinture fila chez Scipione Borghese.

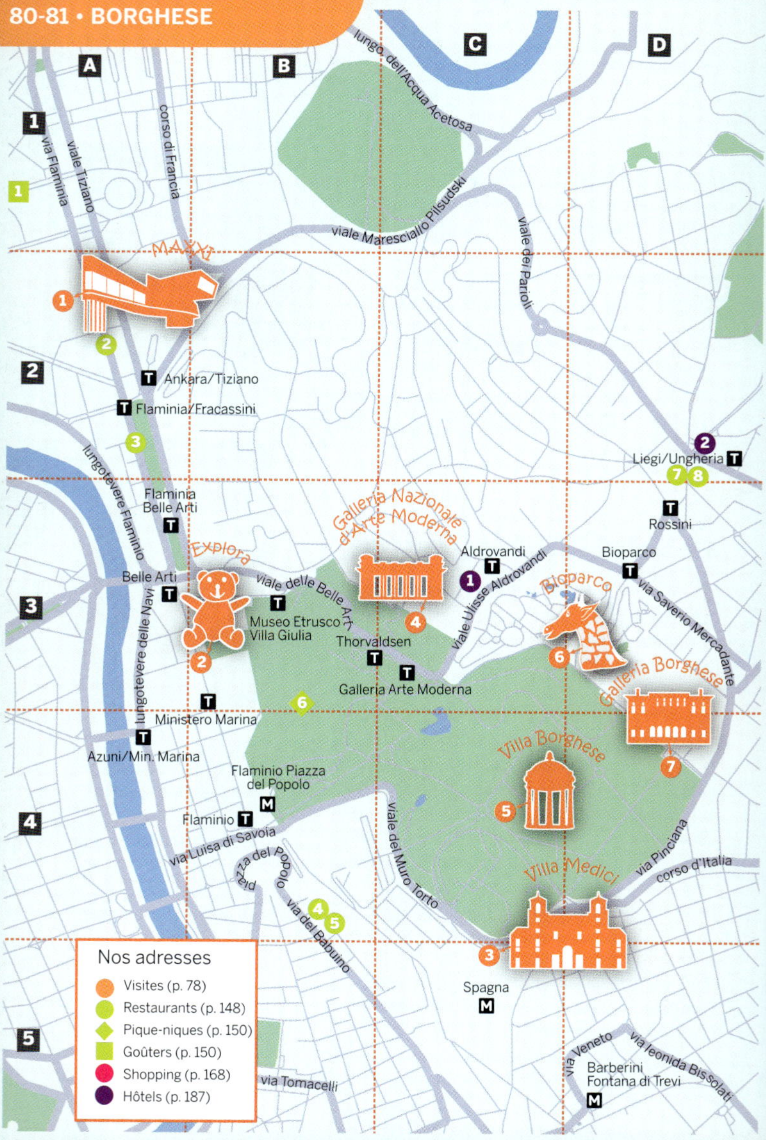
A
B
C
D
1
2
3
4
5
lungo dell'Acqua Acetosa
via Flaminia
viale Tiziano
corso di Francia
viale Maresciallo Pilsudski
viale dei Parioli
MAXXI
Ankara/Tiziano
Flaminia/Fracassini
lungotevere Flaminio
Liegi/Ungheria
Flaminia Belle Arti
Galleria Nazionale d'Arte Moderna
Rossini
Explora
Aldrovandi
Bioparco
Belle Arti
viale delle Belle Arti
viale Ulisse Aldrovandi
Bioparco
via Saverio Mercadante
Museo Etrusco Villa Giulia
Thorvaldsen
Galleria Borghese
lungotevere delle Navi
Galleria Arte Moderna
Ministero Marina
Azuni/Min. Marina
Villa Borghese
Flaminio Piazza del Popolo
Flaminio
via Luisa di Savoia
piazza del Popolo
viale del Muro Torto
via Pinciana
corso d'Italia
Villa Medici
via del Babuino
Spagna
via Tomacelli
via Veneto
via Leonida Bissolati
Barberini Fontana di Trevi
Nos adresses
Visites (p. 78)
Restaurants (p. 148)
Pique-niques (p. 150)
Goûters (p. 150)
Shopping (p. 168)
Hôtels (p. 187)

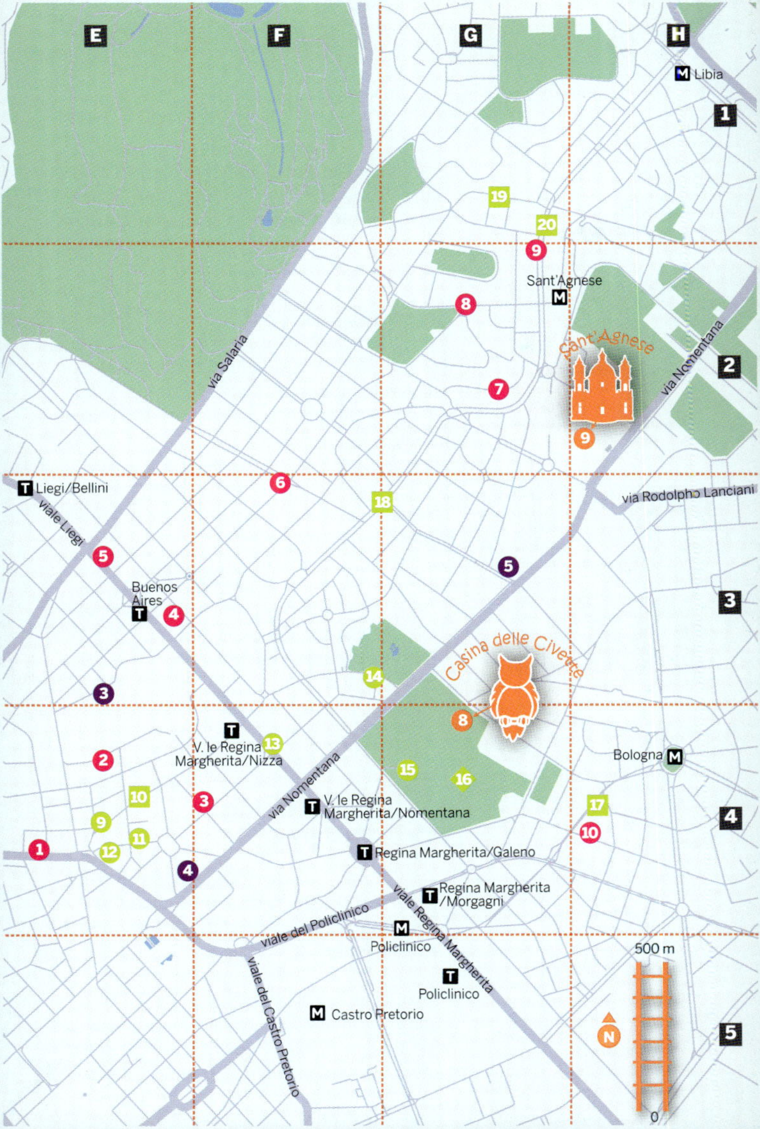

E
F
G
H
1
2
3
4
5
Libia
Sant'Agnese
Sant'Agnese
via Salaria
via Nomentana
Liegi/Bellini
viale Liegi
via Rodolpho Lanciani
Buenos Aires
Casina delle Civette
V. le Regina Margherita/Nizza
via Nomentana
V. le Regina Margherita/Nomentana
Bologna
Regina Margherita/Galeno
Regina Margherita /Morgagni
viale del Policlinico
Policlinico
viale Regina Margherita
Policlinico
viale del Castro Pretorio
Castro Pretorio
500 m
0
N

palefreniers du **Caravage**. Dans les dernières salles, la sculpture est fort bien représentée avec **Houdon**, **Canova** et surtout **le Bernin** dont deux de ses chefs-d'œuvre sont exposés : *David* et *Le Rapt de Proserpine*.

Nos conseils La visite étant limitée à 2 h, la location d'un audioguide en français est vivement recommandée. Réservation obligatoire à faire en ligne et plusieurs jours à l'avance. Attention, il faut arriver 30 min au moins avant, à cause de la longue file d'attente et de la fouille. En optant pour une arrivée par le métro plutôt que le bus, vous pourrez combiner cette visite avec une jolie promenade d'une demi-heure environ.

Plan p. 80-81 7 D4 ONYVA !

Piazzale del Museo Borghese, 5 (parc de la villa Borghese) • M Flaminio, B Borghese • galleriaborghese.beniculturali.it • 06 32810 • ma-di 8h30-19h30 • adulte 11 €, enfant (–18) 2 € • audioguide 5 € • Roma Pass

Devenir dada
à la Galleria Nazionale d'Arte Moderna

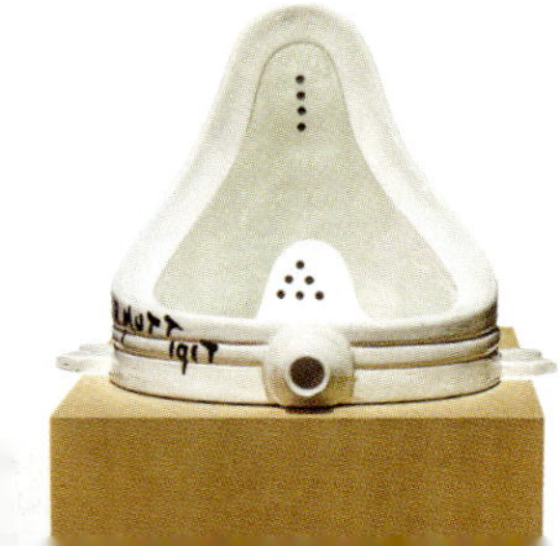

À partir de 5 ans **Une riche collection d'art moderne du XIXe et du XXe siècle vous attend dans ce musée peu connu – à tort – des touristes.**

Située dans la villa Borghese, dans un vaste palais de la Belle Époque, la Galerie nationale d'art moderne vaut vraiment le détour pour faire une pause "moderne" loin de la foule...

et de l'Antiquité ! Le GNAM regroupe plus de **1100 œuvres** d'artistes majeurs du XIXe et XXe siècles. Il n'y a pas de parcours prédéfini : déambulez selon vos envies et votre instinct.

Des chefs-d'œuvre se cachent dans ce dédale de salles. Ne manquez pas *Les Trois Âges de la femme* de **Klimt**, les personnages de **De Chirico**, les portraits de **Modigliani** et de **Van Gogh**.

La salle ***Scusi, ma è arte questa?*** ("Excusez-moi, mais c'est de l'art ?") va certainement remporter un grand succès auprès des *bambini* (et leurs parents) avec notamment les **œuvres dadaïstes** de Marcel Duchamp (la roue de bicyclette, l'urinoir).

Plan p. 80-81 4 C3 ON Y VA !

Viale delle Belle Arti 131 • TB Galleria Arte Moderna • www.gnam.beniculturali.it • 06 32298 221 • ma-di 8h30-19h30 • adulte 8 €, enfant (–18) gratuit • audioguide 6 € • Roma Pass

Monter la garde avec un suricate

au Bioparco

Tous âges **À deux pas de la Galleria Borghese, ce zoo… Oh pardon ! Ce bioparc abrite plus de mille espèces animales, dont certaines peu courantes.**

Pour commencer, voici de drôles d'animaux : les **suricates** qui montent la garde dans leur milieu désertique reconstitué ou les **tatous**, ces curieux mammifères au corps presque entièrement couvert d'écailles.

Le bioparc possède aussi une petite colonie de **lémuriens** ainsi que de **grands mammifères**, toujours spectaculaires, comme les lions, les tigres, les zèbres ou les girafes. De grandes volières accueillent de nombreuses **espèces à plumes** (aigles, cigognes...).

Les grands bassins, quant à eux, sont peuplés d'ours et d'hippopotames. Enfin, le terrarium conserve des espèces qui vont de la petite grenouille verte à l'impressionnant boa. Le bioparc a pensé **aux plus petits** avec un espace réservé aux animaux de la ferme. Habitués aux visiteurs, ces animaux-là ne sont pas farouches et sont prêts à recevoir des caresses.

Plan p. 80-81 6 C3 ON Y VA !

Piazzale del Giardino Zoologico, 1 • B Borghese, T Bioparco, Galleria Borghese • bioparco.it • 06 360 8211 • tlj 9h30-18h (avr-oct), 9h30-17h (nov-mars) • adulte 15 €, enfant (+12 ou +1 m) 12 €

Croiser des artistes
à la villa Medici

Tous âges Les jardins de la villa Médicis, la résidence de l'élite artistique française depuis plus de deux siècles, offre l'occasion d'une jolie balade en famille.

Qu'ont en commun Berlioz, Ingres et Garnier ? Tous trois ont été lauréats du prix de Rome, une bourse d'étude pour se former en Italie. Aujourd'hui, ce titre a disparu mais des artistes français sont toujours hébergés ici pendant plusieurs mois pour parfaire leur formation.

Vous pourrez partir à la rencontre de ces artistes et découvrir leur quotidien avec la visite guidée "Les lieux secrets de la création" du dimanche après-midi. Ce parcours vous emmènera dans les coulisses de l'académie, ouvertes pour la première fois au public.

La visite guidée, qui se focalise autour des **jardins**, démarre par l'arrière de la villa, se poursuit par l'**atelier du Bosco**, représenté dans un célèbre tableau de Vélasquez, la **gypsothèque** (moulages), le **carré des Niobides** (un groupe de statues) et s'achève par l'appartement du Cardinal recouvert de fresques récemment restaurées.

Activités enfants Le dimanche à 10h30, la villa Médicis propose une visite interactive (en italien), *Le Petit Ferdinand*, autour d'un personnage inspiré de Ferdinand Ier de Médicis. Il est possible de la faire en français en envoyant à l'avance un mail à l'adresse suivante : visiteguidate@villamedici.it.

Notre conseil Ne manquez pas d'admirer l'une des plus belles vues sur Rome depuis le Belvédère.

Plan p. 80-81 3 C5 ONYVA !

Viale della Trinità dei Monti, 1 • M Spagna • villamedici.it • 06 6761 311 • ma-di 10h-19h • visite guidée villa et jardins, en français : 11h, 14h, 15h, 18h (avr-mai et sept-oct), 10h, 11h, 15h, 16h30, 18h (juin-août), 10h, 11h, 14h30, 16h (nov-mars) • adulte 12 €, enfant (– 25) 6 €, enfant (– 10) gratuit • visites guidées : villa du Petit Ferdinand di 10h30, 6 € ; lieux secrets de la création di 15h30, 15 €

Un message d'amour peu ordinaire...

Juste avant de rentrer dans la villa, observez la grande vasque située en face de la façade : la sphère que vous apercevez est en fait un boulet de canon. Il aurait été tiré depuis le château Saint-Ange par Christine de Suède, pour inviter le bel Italien qui habitait la villa à venir chasser avec elle.

Faire des expériences
à l'Explora, Museo dei Bambini

À partir de 4 ans Interactif et très ludique, ce musée dédié aux enfants offre une pause distrayante aux petits entre les visites plus classiques.

Le principe de ce musée est simple : apprendre en faisant soi-même. Les enfants peuvent ici traire une vache (une fausse, rassurez-vous), jouer au dentiste, faire des vagues, produire de l'électricité. On trouve aussi les activités de la ville, mises en scène à l'échelle de l'enfant pour faire comprendre aux bouts de chou comment fonctionne la vie des adultes. Les visites débutent à heure fixe et durent 1h45 ; néanmoins, les enfants sont libres d'aller où ils le souhaitent. Les notices sont en italien ou en anglais, mais tout est suffisamment simple pour comprendre.

Plan p. 80-81 2 B3 ON Y VA !

Via Flaminia, 80-86 • M Flaminio, T Ministero Marina • mdbr.it • 06 3613776 • ma-di 10h (sf août), 12h, 15h et 17h • adulte et enfant (+3) 8 €, (−3) 5 €, (−1) gratuit • réservation en ligne obligatoire

S'initier à l'art moderne
au MAXXI

À partir de 6 ans Dernier-né de la capitale, le MAXXI (Musée national des arts du XXIe siècle) est un complexe architectural innovant et avant-gardiste.

Dès le parvis, vous serez frappés par l'ampleur (29 000 m^2) de cette structure contemporaine conçue par l'architecte Zaha Hadid. Une sorte de grand paquebot tout de fer, de vitres et de béton. À l'intérieur, de gigantesques rampes sinueuses permettent d'accéder aux étages. C'est un musée que l'on visite autant pour son étonnante architecture que pour ses collections. Depuis octobre 2015, le musée a ouvert au public sa collection permanente d'art et architecture du XXe et du XXIe siècles. Ce sont principalement des artistes et architectes italiens. Elle est par ailleurs accessible gratuitement du mardi au vendredi. Parfait pour souffler entre deux monuments antiques.

Le parcours intérieur a été imaginé comme une **promenade initiatique dans un labyrinthe coloré**. N'essayez pas de suivre un cheminement de A à Z ou de chercher des lignes droites, il n'y en a pas ! Déambulez plutôt de salle en salle, flânez, revenez sur vos pas, empruntez les escaliers rouges, noirs, gris ou les interminables passerelles. Point d'orgue : le dernier étage où une grande baie vitrée surplombant le parvis vous offre une magnifique vue sur Rome.

Notre conseil Consultez le site Internet pour prendre connaissance des expositions.

Plan p. 80-81 1 A2 ON Y VA ! ☐

Via Guido Reni, 4A • T Apollodoro • fondazionemaxxi.it • 06 32810 • ma-di 11h-19h (sa 22h) • adulte 10 €, enfant (– 14) gratuit • visite guidée, en français (réservation obligatoire) • Roma Pass

Chercher des chouettes
à la Casina delle Civette

À partir de 6 ans **Située dans la villa Torlonia, cette étonnante maison est la création d'un propriétaire un peu fou de chouettes. Amusez-vous donc à les retrouver !**

Dès l'extérieur, la Casina delle Civette séduit immédiatement par son **architecture originale**. On dirait une maison de poupée avec ses toits pointus dans tous les sens et ses couleurs chatoyantes. Les salles à l'intérieur sont décorées de faïences polychromes, de mosaïques, de boiseries et de chouettes. Dans la frise sous le plafond, sur la porte et sur les vitraux, cherchez bien ! Il y en a partout. La maison abrite aussi un **musée des Vitraux** inspirés par la nature avec des fleurs, des cygnes, des paons et bien sûr des chouettes. Le parc permet d'agréables balades parmi des espèces végétales exotiques, dont de nombreux palmiers.

Plan p. 80-81 8 G4 ON Y VA ! ☐

Via Nomentana, 70 • B Nomentana-Villa Torlonia, T V. le Regina Margherita-Nomentana • museivillatorlonia.it • 06 4425 0072 • ma-di 9h-19h • entrée du parc gratuite, visite de la Casina delle Civette : adulte 6 €, enfant (– 6) gratuit • Roma Pass

Explorer les catacombes
di Sant'Agnese

À partir de 10 ans **Les catacombes de Sainte-Agnès et le mausolée de Santa Costanza permettent de voir des témoignages de l'origine du christianisme à Rome.**

Ce petit cimetière souterrain antique abrite les **sépultures des tout premiers chrétiens**, pour certains morts persécutés. Elles peuvent éveiller la curiosité, par leur côté exotique et un peu gore, mais avec juste ce qu'il faut d'appréhension. Rassurez-vous, ici rien de macabre. Elles renferment notamment les restes de sainte Agnès (sauf la tête – désolé pour le détail ! –, conservée précieusement dans l'église Santa Agnese in Agone, Piazza Navona). La visite est accompagnée mais ne se fait qu'en italien et en anglais.

Avant de repartir, visitez le **mausolée de Santa Costanza**. Il ne reste qu'une rotonde, mais observez bien les mosaïques. Elles mélangent profane et sacré car, à cette époque, on est encore sous l'influence des croyances païennes et l'on mêle la vie de Jésus et des saints à des scènes agricoles. Regardez la charrue remplie de raisins tirée par des bœufs à côté de trois paysans qui écrasent le raisin avec leurs pieds.

Plan p. 80-81 9 H2 ON Y VA ! ☐

Via Nomentana, 349 • M Santa Costanza-Annibaliano, B Nomentana-Sant'Agnese • santagnese.org • 06 8625456 • tlj 9h-12h, 15h-17h (18h pour le mausolée), sf di mat, fêtes religieuses et nov • adulte 8 €, enfant (7-15) 5 €, (– 6) gratuit • entrée libre pour le mausolée

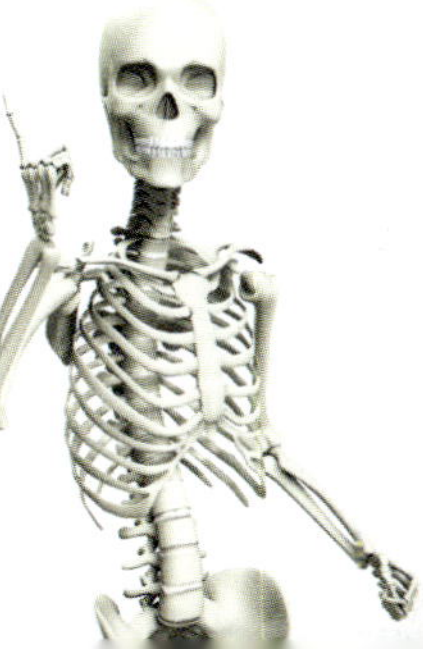

ROME ET SES ENVIRONS

Et si vous alliez voir un peu à l'extérieur de Rome ? Vous avez le choix entre un musée mêlant technologie industrielle et patrimoine archéologique, une promenade bucolique sur la plus vieille route pavée du monde, une balade en barque ou les studios de Cinecittà. Un peu plus loin, Ostie, une cité antique incroyablement bien conservée, les superbes jardins de la villa d'Este, des parcs d'attractions et même des plages !

Aller à toute vapeur
à la Centrale Montemartini

Tous âges **Sur la rive gauche du Tibre, ce bâtiment industriel reconverti en musée archéologique offre un mélange inattendu et amusant pour les enfants.**

Cette **ancienne centrale thermoélectrique** construite en 1912 produisait à l'origine de l'électricité à partir de la vapeur. Abandonnée dans les années 1960, elle va renaître, en 1990, avec une toute nouvelle mission : devenir une **annexe des musées du Capitole**.

Une surprise de taille vous attend à l'intérieur ! Lors de la réhabilitation, il fut décidé de conserver l'origine industrielle du lieu. Ainsi, c'est au milieu d'énormes machines, de manomètres, de compresseurs, de turbines et de tuyaux que vous pouvez admirer des **statues antiques**. Ce contraste est étonnant, car l'on passe sans cesse de sculptures séculaires à la technologie moderne. Ce mélange insolite devrait ravir les enfants qui vont être, c'est sûr, intrigués. À l'étage, dans la salle des machines, se trouve la reconstitution de superbes **complexes monumentaux** (comme le fronton du temple d'Apollon Sosianus). Ils permettent de comprendre le développement de Rome, de l'époque républicaine jusqu'à la période impériale. Certes, ce musée est un peu éloigné du centre de Rome mais vaut le détour pour la qualité et l'originalité de sa mise en scène.

Notre conseil Montez au sommet du double escalier dans la salle des machines pour avoir une superbe vue d'ensemble.

Via Ostiense, 106 • M Garbatella • fr.centralemontemartini.org • 06 0608 • ma-di 9h-19h • adulte 7,50 €, enfant (6-25) 6,50 € (– 6) gratuit • Roma Pass ON Y VA ! ☐

Se promener sur les plus vieux pavés du monde
à la Via Appia Antica

Tous âges **Envie de vous éloigner du chaos de la ville ? La Via Appia Antica offre une échappée bucolique.**

Il s'agit de la **première grande route pavée de l'Antiquité** (312 av. J.-C.) reliant Rome à Capoue (Naples) et Brindisi (Pouilles). Cette voie romaine conserve toujours, par endroits, ses **pavés d'origine** sur lesquels on peut observer l'usure due au frottement des roues des chars. Tout au long, vous allez voir des pins, des cyprès mais aussi des **monuments funéraires antiques**. Dans l'Antiquité, il était interdit d'enterrer les morts à l'intérieur de Rome. Aujourd'hui, on trouve, à côté d'habitations récentes, des **vestiges** tels que de simples colonnes, des chapiteaux tombés à terre ou des

édifices beaucoup plus élaborés, comme les **catacombes de Saint-Calixte** ou le **tombeau de Caecilia Metella** reconnaissable à sa forme cylindrique et sa frise de marbre sculptée de motifs floraux et de têtes de taureaux.

Nos conseils Il faut aller à la hauteur du n° 161, (près du tombeau de Caecilia Metella) pour voir les premiers gros pavés antiques. Ceux qui souhaitent louer des vélos (attention c'est très cahotique !) peuvent arriver à la hauteur du n° 42. Pensez à prendre de l'eau, un en-cas ou même un pique-nique, car il y a peu d'endroits pour se restaurer le long de la promenade. Talons hauts et poussettes sont à éviter. Préférez le dimanche où la circulation des voitures est interdite.

Accès Via Appia Antica, 161 • M Arco di Travertino, puis B 660 Cecilia Metella • Accès pour location de vélo : Via Appia Antica 42 • M Piramide, puis B 118/218 Appia Antica-Domine Quo Vadis • parcoappiaantica.it • 06 513 5316 • tlj 9h30-13h et 14h-17h (di 18h, 16h30 en hiver) ON Y VA ! ☐

Se faire peur
dans les catacombes di San Callisto

À partir de 12 ans **Visiter un cimetière souterrain, c'est l'assurance d'un petit (ou grand) frisson pour les loustics les plus téméraires.**

Les catacombes di San Callisto (Saint-Calixte) sont parmi les **plus grandes et les plus importantes** de Rome. Elles datent du IIe siècle et font partie d'un complexe funéraire qui s'étend sur 15 ha, avec un réseau de près de **20 km de galeries sur quatre niveaux** atteignant une profondeur de plus de 20 m.

Une fois en bas, vous déambulerez dans ces imposantes galeries emplies de *loculi* (sépultures) et de petites pièces décorées par de belles fresques bien conservées. Émouvants témoignages de foi des **premiers chrétiens**, des dizaines de martyrs reposent ici, ainsi que seize papes et d'autres chrétiens.

Notre conseil À combiner avec la Via Appia. Pensez bien à vous couvrir, car aglagla la température baisse d'une dizaine de degrés en quelques mètres.

Via Appia Antica, 110-126 • B Catacombe San Callisto • catacombe.roma.it • 06 513 0151 • tlj (sf me) 9h-12h, 14h-17h • adulte 8 €, enfant (7-15) 5 €, avec visite guidée en français (durée 40 min) ON Y VA !

D'où vient le terme "catacombe" ?

Du latin *ad catacombus*, qui signifie "près de la carrière". Une des premières catacombes avait, en effet, été creusée dans une carrière. Ce n'est qu'à partir du Xe siècle que ce terme a désigné plus généralement un cimetière souterrain.

Se prendre pour une star
aux studios Cinecittà

Tous âges Cinecittà est certainement le lieu idéal pour faire découvrir à vos bambins le septième art et approfondir vos connaissances dans le cinéma italien.

Venez déambuler dans les **décors réels des plateaux de tournage** (*Il était une fois en Amérique, Le Dernier Empereur...*). Un petit musée (en italien et en anglais) vous permet d'en apprendre plus sur l'histoire des studios. Sur réservation, vous pourrez également

participer à des visites animées conçues pour les familles. Le dimanche, un atelier de jeux, articulé autour de la **magie du cinéma**, occupera vos petits cinéastes en herbe. Petit bémol, la visite des décors est assez longue et risque de mettre à rude épreuve la patience des plus petits.

Notre conseil Avant d'y aller, révisez les films classiques italiens et venez de préférence en semaine quand les studios s'animent et prennent vie.

Via Tuscolana, 1055 • M Cinecittà • cinecittasimostra.it • me-lu 9h30-18h30 • exposition et visite guidée : adulte 20 €, enfant (6-10) 10 €, (– 5) gratuit, famille 45 € (2 adultes et 3 enfants max.) • réduction 10 % sur présentation du Roma Pass ou billet de métro • visite guidée en italien et en français 10h, 11h30, 13h, 14h, 15h15, 16h, 16h30 • laboratoire pour les enfants Cinebimbicittà di 10h-18h (inclus dans le billet, sf juin-sept)

Pique-niquer sur l'eau
au Laghetto dell'EUR

Tous âges **Que diriez-vous d'abandonner un peu l'auguste compagnie des empereurs et d'organiser un déjeuner dans une barque pour amuser les *bambini* ?**

Les **manginbarca** sont de petites barques parfaitement équipées pour pique-niquer sur l'eau, avec table, glacière vide, couverts, parasol. Tout est prêt pour vous accueillir. Succès garanti auprès des enfants ! Seul le pique-nique (nourriture, boissons) n'est pas fourni. C'est non seulement original, mais conçu avec intelligence. En effet, les barques sont équipées d'une petite cabine pour permettre aux plus petits de se reposer, si besoin est. Et si vous ne savez pas manœuvrer la barque ? Aucun souci, on vous la guide où vous le souhaitez.

En été, on peut faire du **pédalo** ou louer des **barques à voile** pour faire un petit tour sur l'eau en famille. Tout autour du *laghetto* (lac), de larges pelouses sont plantées d'arbres pour vous permettre de vous abriter du soleil. Ne sortez pas vos maillots de bain pour autant, ce n'est pas une station balnéaire !

Passegiata del Giappone • M EUR-Palasport • happylake.it • location d'une manginbarca de 4 à 6 pers. à partir de 30 €, plus cher en nocturne à partir de 19h30 ON Y VA ! ☐

Taquiner les poissons
au Sea Life Roma Aquarium

Tous âges **Ce grand aquarium, au bord du plan d'eau de l'EUR, vous fera littéralement plonger dans l'univers sous-marin.**

Au moment où nous rédigeons ce guide, le Sea Life Roma n'a pas encore ouvert ses portes (ouverture prévue au printemps 2016). Une trentaine de bassins accueillera plus de **5000 créatures marines** de 100 espèces différentes venant du monde entier. L'une des attractions sera un tunnel sous-marin de 6 m offrant une vision à 360° pour mieux voir évoluer tortues, requins, raies et poissons tropicaux.

L'aquarium proposera plusieurs activités pour les enfants : des **bassins interactifs** permettent aux plus curieux de toucher des œufs de requins, des crustacés et des étoiles marines. Pour les plus passionnés, il sera possible de participer aux activités quotidiennes du lieu en nourrissant et en soignant les poissons avec les biologistes.

Piazza Umberto Elia Terracini • M EUR Palasport • www2.visitsealife.com/rome • 045 644 9777 • voir site pour date d'ouverture • tlj 10h-19h (dernière entrée 18h) • adulte 17 €, enfant (– 13 et + 1 m) 13,50 €, (– 1 m) gratuit • réduction 4 € avec Roma Pass

ON Y VA ! ☐

Découvrir les publicités de l'Antiquité
à Ostia Antica

Tous âges Cet ancien port de la Rome antique, fort bien conservé, donne une idée assez précise de la vie quotidienne dans l'Antiquité.

À seulement 45 min en train de Rome, Ostia Antica est un **site antique d'exception**. Son état de conservation permet de comprendre réellement comment les gens vivaient dans l'Antiquité. Étant donné la grandeur du site, on peut y déambuler à son rythme et au calme. Un véritable avantage pour les enfants.

C'est quasiment une ville romaine entière que vous allez voir avec ses immeubles à étages, ses thermes, ses mosaïques, ses temples, son théâtre, ses fresques, ses sculptures et ses sanctuaires. Un incroyable voyage dans le temps. Fondé entre le VIe et le IVe siècle av. J.-C., Ostie était le plus grand port de Rome, par lequel arrivaient céréales, huile et vin pour nourrir les Romains (rappelons-nous que Rome a compté jusqu'à 1 million de bouches à nourrir !).

Malgré le déclin de la cité, les invasions et les tremblements de terre, bien des édifices sont encore complets. La ville portuaire possédait déjà des centres commerciaux, comme celui de la place des Corporations, avec devant chaque boutique, au sol, une **mosaïque en noir et blanc** illustrant les activités de l'entreprise. Ici, le sanglier et le cerf indiquent un commerce de boucherie. Juste à côté, le dauphin mangeant un poulpe figure une poissonnerie. Les Romains étaient déjà des pros de la publicité !

Plusieurs tavernes disposent encore de leur **comptoir de vente** et de niches qui comptaient plusieurs étagères. Les clients consommaient dans la boutique ou sur un banc, exactement comme, 2 000 ans plus tard, dans les boutiques de paninis. En revanche, on laisse volontiers aux Romains certaines de leurs inventions comme les **latrines collectives** (elles sont ici étonnamment bien conservées).

Le bâtiment public le plus célèbre est le **théâtre**. Il accueillait jusqu'à 4 000 personnes. On peut encore observer, chose rare, le revêtement de marbre d'origine des premiers gradins. Un autre élément important, et assez rare, parmi les bâtiments publics, est la **caserne des pompiers**. Elle

est constituée d'une cour centrale autour de laquelle se trouvaient les appartements des vigiles. Elle possède encore un temple avec une belle mosaïque de sacrifice d'un taureau en l'honneur de la divinité de la Fortune.

Il existait **plusieurs thermes**, qui conservent encore leurs très belles mosaïques noires et blanches. C'est tout un décor de tritons, de chevaux marins, de chars et de dauphins. Comme dans toute cité romaine, Ostie possède son forum, son capitole et de nombreux édifices religieux, car les Romains honoraient plusieurs dieux à la fois.

Nos conseils En sortant de la gare, traversez la large route SS 296 par une passerelle métallique bleue et vous arrivez directement sur le parking d'Ostia Antica. Pour mieux profiter de ce site, faites cette visite dans le cadre d'une excursion guidée depuis Rome, car il y a peu d'indications sur place. Attention : les chemins sont d'époque (avec de gros pavés) et donc difficiles d'accès pour les poussettes.

Pour déjeuner, évitez le restaurant sur place, de qualité douteuse, et marchez 5 min pour aller à Ostie, une charmante bourgade où se trouvent de nombreux restaurants et glaciers.

Via dei Romagnoli, 717 • train (1,50 €) depuis la gare Piramide, direction Ostia-Lido, arrêt Ostia Antica • www.ostiaantica.beniculturali.it • 06 56352830 • ma-di 8h30-1 h avant le coucher du soleil • adulte 10 €, enfant (– 18) gratuit (suppl. si expo temp.), 1er di du mois gratuit • Roma Pass ON Y VA !

Faire un château de sable
au Lido di Ostia

Tous âges **Envie de bronzer ou de faire trempette ? Les plages du littoral d'Ostie sont à peine à 1 h de Rome.**

À 1h10 de Rome en train, pour le prix de 1 euro seulement, vous allez trouver le Lido di Ostia avec ses plages libres d'accès ou aménagées (et payantes). Ces dernières sont les plus nombreuses et les plus agréables avec chaises longues, parasols et même jeux pour enfants. Les plus faciles d'accès sont les plages payantes du Lido di Ostia, situées à 500 m de la gare. Après la baignade, vous pourrez vous balader et manger une glace en centre-ville.

Notre conseil À combiner avec une visite du site Ostia Antica, le matin.

Venant de Rome : train jusqu'à Lido Centro, venant d'Ostia Antica : B C 19, au choix l'un des quatre derniers arrêts ON Y VA ! ☐

Les plages dei Cancelli

Plus au sud d'Ostie, vers Castel Porziano, se trouve une longue série de plages naturelles et gratuites (parmi d'autres payantes). Sept portes vous permettent d'y accéder, toutes bien visibles, depuis le bus qui vous y mène.

Depuis Ostia Antica ou Rome, train jusqu'au terminus Lido Cristoforo Colombo puis bus n° 7, arrêt Cancelli.

Admirer le looping des dauphins
au Zoomarine

Tous âges **Ce parc aquatique allie les joies de la baignade en piscine et l'émerveillement de spectacles d'animaux marins dressés.**

À 1 h de Rome, le Zoomarine présente des spectacles de **dressage de phoques ou de dauphins**, d'une durée de 30 min chacun, compris dans le prix du billet. On y trouve

aussi un **parc aquatique** avec des jeux et des attractions : montagnes russes, toboggans. Attention, ça mouille ! Enfin, le Zoomarine possède **plusieurs piscines**, de la pataugeoire pour les petits au bassin de plongée, en passant par différentes profondeurs.

Notre conseil Très fréquenté l'été : venez tôt.

Via Zara snc, Torvaianica • 06 91534 • zoomarine.it • navettes depuis la gare Termini (départ Via Marsala devant le Caffè Trombetta), **B** *Cotral V001 depuis la station Laurentina, arrêt Torvaianica et ensuite 900 m à pied • avr-mi-oct (horaires variables à vérifier sur le site Web) • adulte 28 €, enfant (– 10 et + 1 m) 21 €* ON Y VA ! ☐

Avoir la main verte
à la villa d'Este

Tous âges **Cette villa est devenue célèbre pour ses jardins et ses jets d'eau qui forment un ensemble unique, classé au patrimoine mondial de l'Unesco.**

À 35 km de Rome, à Tivoli, ce palais ouvert sur un jardin féerique avec grottes, statues, cascades et fontaines est une pause très rafraîchissante notamment l'été. Au XVIe siècle, l'ambitieux cardinal d'Este décida de se faire construire un fastueux palais agrémenté d'un jardin sublime. Le palais est spectaculaire avec ses multiples salles entièrement décorées de **fresques multicolores**, de **stucs** et d'**or**.

L'autre intérêt de la visite, ce sont les jardins. L'architecte s'est servi des techniques des anciens

Romains pour acheminer l'eau sans pompe, juste en utilisant la pente naturelle du sol pour la faire surgir de toutes parts en un spectacle féerique de **jets d'eau**, de **cascades** et de **bassins**. Coup de cœur pour l'allée des Cent-Fontaines (Viale delle Cento Fontane) – qui en compte en fait 300. Celle-ci mène à "la petite Rome", une évocation en miniature des principaux monuments romains.

Piazza Trento, 5 – Tivoli • 19976 6166 • M Monte Mammolo, B Cotral, arrêt Largo Nazione Unite (trajet 50 min) • www.villadestetivoli.info • ma-di 8h30-1 h avant le coucher du soleil • adulte 8 €, audioguide 4 € ON Y VA ! ☐

S'amuser en famille
au Rainbow Magicland

À partir de 3 ans **Ce parc d'attractions regroupe de nombreuses activités pour s'amuser en famille. Histoire de changer un peu des vieilles pierres !**

Situé à 40 km à l'est de Rome, à Valmontone, ce **parc d'attractions** à de quoi séduire toute la famille : montagnes russes, parc aquatique, autos-tamponneuses et plusieurs spectacles par jour (comme des combats de gladiateurs). On y trouve aussi des restaurants.

Via della Pace, Valmontone • magicland.it • 06 95318700 • navette depuis la gare Termini (départ Via Marsala 51, 53), train régional Roma-Valmontone, puis navette gratuite (tlj) de la gare de Valmontone • adulte 35 €, enfant (– 10) 29 € (– 1 m) gratuit, acheter les billets sur Internet pour réductions (adulte 22 €, enfant 18 €) ON Y VA ! ☐

Du Capitole au ghetto

Cette promenade va vous permettre de découvrir différents aspects de Rome. Du Capitole, témoin de l'Antiquité romaine, aux ruelles du ghetto, l'ancien quartier juif, pour finir sur la Via Giulia aux élégantes demeures, palais et églises du XVIe siècle.

durée : environ 50 min
(hors pauses shopping ou repas)
réponses p. 199

Votre jeu débute de la **place du Capitole**, ou la Piazza del Campidoglio en italien, hier et aujourd'hui encore le cœur de Rome.

Sur cette colline, la plus petite de toutes (Rome a été fondée sur sept collines), il y avait de nombreux temples, dont il reste encore quelques pierres à l'intérieur des palais qui occupent maintenant la colline.

En 390 av. J.-C., les Celtes, population qui arriva jusqu'en Gaule, envahirent Rome par surprise, durant la nuit. Or les Romains, réfugiés dans la forteresse, furent sauvés par des animaux.

De quels animaux s'agit-il ?

____

La place a été dessinée par l'un des plus grands artistes du XVIe siècle. C'est à lui que l'on doit les beaux palais de la place et la célèbre fresque du plafond de la chapelle Sixtine. Son nom de famille est Buonarotti mais on le connaît surtout par son prénom.

Quel est son prénom ? (en deux mots)
M__________-A________

Sculpteur, peintre, architecte, poète et urbaniste (oui, oui, tout ça), on le considère comme un génie de la Renaissance. Il influença ses contemporains et de nombreux artistes, et cela même après sa mort à l'âge de 89 ans. Il commença sa prodigieuse carrière artistique à l'âge de 14 ans comme apprenti au palais de Laurent de Médicis, à Florence.

Rendez-vous maintenant devant la statue de **l'empereur Marc Aurèle** (IIe siècle) située au centre de la place. Une légende raconte que, dans les statues équestres, la position des jambes du cheval a une signification très précise. Si le cheval a les deux jambes avant levées, le cavalier est mort au combat. Si le cheval a une seule jambe avant levée, le cavalier est mort à la suite de ses blessures au combat. Si les quatre jambes touchent terre, le cavalier est décédé de mort naturelle.

Alors, à votre avis, comment est mort Marc Aurèle ? ______________

Déplacez-vous maintenant vers le côté gauche du palais qui se trouve juste en face de vous (pour ne pas vous tromper, c'est celui avec une double rampe d'escalier). Il s'agit de la mairie de Rome. Vous allez voir la copie d'une statue, avec un animal célèbre.

Quel est l'animal représenté ?

____

JEU DE PISTE N° 1

Le 21 avril 753 av. J.-C., afin de savoir qui de Remus ou de Romulus devait fonder Rome, les deux frères consultèrent les augures, des prêtres chargés d'observer les oiseaux, pour interpréter les volontés de Jupiter (les présages). À l'époque, on ne prenait pas de grande décision sans les consulter. Le nombre de vautours vus par chacun des frères devait les départager. Romulus vit douze vautours tandis que son frère n'en vit que six. Sur le Palatin, Romulus traça alors un grand cercle au sol, que personne ne devait franchir, pour délimiter sa future ville. Mais Remus désobéit et pénétra dans ce cercle sacré. En réponse, Romulus le tua !

Revenez sur la place et là, vers le côté sans construction, juste de chaque côté de l'escalier, se trouvent les statues de deux cavaliers. Il s'agit de **Castor et Pollux**. On les appelle aussi d'un nom savant : les Dioscures.

Pour les Romains, grands admirateurs des Grecs, ces jumeaux grecs sont très populaires car, selon la légende, ils auraient aidé les Romains à gagner une guerre contre les Latins. Castor et Pollux sont les enfants de Léda et de Jupiter.

Quittez la place du Capitole pour aller en face. Descendez l'escalier et traversez au passage piéton pour longer, légèrement à gauche, la **Piazza d'Aracoeli**. Maintenant, il vous faut trouver une **fontaine**, tourner à sa gauche et prendre la **Via Margana** pour entrer dans le **ghetto juif**.

La plupart des juifs arrivèrent à Rome suite à la destruction du Temple de Jérusalem (63 av. J.-C.). Une autre vague arriva d'Espagne fuyant l'Inquisition en 1492. En 1556, le pape Paul IV décida de créer un ghetto pour regrouper les juifs de Rome. Tous les soirs, ils devaient rentrer dans le ghetto jusqu'au matin suivant. Aujourd'hui, le quartier ressemble à un village avec ses rues tranquilles et ses plantes qui recouvrent les murs. On trouve encore quelques restaurants juifs et une synagogue.

À la **Piazza Margana**, continuez toujours tout droit mais, attention, la rue change de nom !

Question 5

Quel est le nom de cette rue ?
Via dei __________

On pourrait le traduire par la "rue des Dauphins". Et comme les dauphins, la rue change de direction et devient Via dei Funari. À vous de suivre la bonne rue ! Vous arrivez sur la **Piazza Mattei** avec, au milieu, une très jolie fontaine : la **Fontana delle Tartarughe** (la "fontaine des Tortues").

Combien y a-t-il de tortues ?__________

Question 6

On raconte qu'au XVIIe siècle, le duc Mattei vivait dans un palais non loin de là. Ruiné au jeu, il fit construire la fontaine en une nuit pour prouver sa richesse à son futur beau-père, réticent à lui donner sa fille en mariage. Les tortues sont des copies, les originales ayant été volées.

JEU DE PISTE N° 1

Cherchez le n° 15 et **prenez** la petite rue qui longe le palais pour arriver à **Largo Argentina**, une place avec, au centre, les ruines de quatre temples romains. Ils ont plus de 2000 ans. Ce lieu est surtout connu pour ses habitants à quatre pattes, qui sont nourris et soignés par des volontaires. Impossible de compter ces "habitants" mais il y en aurait des centaines !

Question 7

Quels sont les animaux qu'on voit se promener ou dormir dans les ruines ?

____

Faites demi-tour pour rejoindre la place des Tortues, **Piazza delle Tartarughe**. La petite place comporte cinq rues. Vous devez passer entre un bar et la **maison des Costaguti**. Ce nom est gravé sur l'une des maisons. À vous de la retrouver et de suivre la petite rue entre cette maison et le bar.

Question 8

Notez le nom de la rue :
Via della R_______________a

La ruelle débouche rapidement sur la **Via del Portico d'Ottavia**, où se trouve le **portique d'Octavie**. Il s'agit d'un ensemble antique de quatre murs, soutenu par quelques colonnes. Il date des IIe et Ier siècles av. J.-C. Ce que vous voyez n'est que le vestibule d'entrée d'un très grand édifice qui comprenait deux temples, l'un dédié à Junon et l'autre à Jupiter.

Question 9

Combien de colonnes en marbre blanc possède le portique ?
(Entourez la bonne réponse.)
2 4 5

Junon épousa Jupiter, son frère jumeau. Pour rendre ces noces plus solennelles, Jupiter demanda à Mercure d'y inviter tous les dieux, tous les hommes et tous les animaux. Tous s'y rendirent, excepté la nymphe Chéloné. Pour la punir, Jupiter la changea en... tortue !

Repérez maintenant, plus loin, **trois hautes colonnes** de marbre blanc, car notre itinéraire passe au pied de ces colonnes. Cherchez le passage pour descendre. En passant, vous allez voir les restes du temple d'Apollon. En dépassant ce temple, vous pouvez observer un étrange édifice courbe, le **théâtre de Marcello**. Dépassez-le et remontez le chemin pour le voir avec du recul. Le théâtre antique est en dessous. Au-dessus, se trouvent des habitations.

Question 10

Combien d'étages comportent le théâtre antique et ses habitations ? ________

Le théâtre de Marcello (ou Marcellus en latin) est le plus ancien théâtre en pierre qui soit encore conservé à Rome. Il date du Ier siècle av. J.-C. Il est encore utilisé de nos jours, mais pour des festivals de musique.

Revenez sur vos pas jusqu'au **portique d'Octavie** et prenez à gauche, la Via du même nom, jusqu'au bout. Vous allez être arrêté par un fleuve qu'il va falloir traverser par un pont.

Question 11

Quel est le nom de ce pont ?

____

À Rome, on utilise encore de nos jours quatre ponts antiques. Le pont que vous venez tout juste de traverser et les trois autres ponts : le pont Cestius (de l'autre côté de l'île), le pont Saint-Ange et, plus loin, le pont Milvius.

Si vous le souhaitez, vous pouvez déjeuner sur les berges de l'île en été, mais il faudra avoir fait vos courses avant d'accéder à l'**île Tibérine**. L'île a volontairement été façonnée par les Romains en forme allongée et pointue, telle un bateau. Un obélisque devait même représenter le mât du bateau.

On raconte qu'il y a plus de 2300 ans, Rome fut frappée par une épidémie. Les Romains allèrent chercher de l'aide au temple d'Esculape, en Grèce. Lors du voyage de retour, un serpent alla se cacher à bord du bateau romain. Dès qu'il fut à proximité de l'île Tibérine, le serpent se jeta à l'eau et choisit l'île comme lieu d'habitation. L'épidémie cessa et un temple dédié à Esculape, dieu de la Médecine, fut bâti. Plus tard à la place du temple, on construisit un hôpital.

Rendez-vous maintenant sur l'autre pont antique, le **pont Cestio** (ou Cestius) et, après l'avoir franchi, **tournez à droite** vers le **pont Garibaldi**. Sur ce pont, vous allez pouvoir observer parfaitement la forme de bateau de l'île Tibérine. Au bout du pont, **tournez à gauche** et longez le Tibre par le **Lungotevere dei Vallati**.

Cherchez maintenant un balcon qui vous indiquera le bon trottoir à suivre sur la gauche. Un indice, la première maison porte le n° 210. Vous devez passer au pied de cette maison pour rejoindre la **Via Giulia**.

Créée en 1508 par le pape Jules II, elle est l'une des premières rues construites à la Renaissance. Longue d'un kilomètre, elle a été conçue pour servir de nouvelle voie d'accès aux pèlerins pour aller se recueillir à la grande basilique et sur le tombeau de saint Pierre. Cette belle avenue a très vite attiré des aristocrates romains et des artistes célèbres (dont Raphaël) d'où la présence de très nombreux palais et églises. La numérotation de la rue est désordonnée, du fait des constructions et déconstructions.

Peu après le n° 251 se trouve la **fontaine du Mascherone**. Elle a été érigée en 1570, à partir d'un masque et d'un grand bassin antiques. On raconte que, lors de grandes occasions, grâce à la générosité des Farnèse, ce n'est pas de l'eau qui coulait de la bouche de la fontaine mais du vin.

Pour ceux qui le veulent, vous pouvez arrêter ici le parcours. En tournant à droite, à hauteur du **Palazzo Farnese** (avant ou après le palais, au choix), vous allez pouvoir rejoindre le **Campo de' Fiori** et plus loin la **Piazza Navona.**

Ceux qui désirent poursuivre un peu vont découvrir encore quelques particularités de la célèbre **Via Giulia**. Prêt à continuer ? Peu après l'arche du Palazzo Farnese, au n° 1,

se trouve le **Palazzo Falconieri** qui date du XVIe siècle) et qui possède une magnifique loggia, l'une des plus belles de Rome.

Question 12

Combien de faucons voyez-vous sur la façade ?

____

Au n° 16, se trouve le **Palazzo Varese** (XVIIIe siècle). Il est décoré de rapaces mais moins visibles. Vous pouvez les voir sur la corniche. Au n° 52 (face au n° 131), les **nouvelles prisons** sont moins réjouissantes (on les appelle "nouvelles" bien qu'elles datent du XVIIe siècle). La prison des mineurs se situe à l'angle de la **Via del Gonfalone**. Les prisons font l'angle de la prochaine ruelle qui se nomme **Vicolo delle Prigioni**.

Question 13

À votre avis, que signifie le mot *prigioni* ?

____

Arrivée

Face au n° 98, remarquez à l'angle du **Vicolo del Cefalo**, le **Palazzo Sacchetti** (XVIe siècle) avec ce qui reste d'une fontaine (un enfant et deux dauphins). Vous êtes arrivé au bout de la **Via Giulia** et à la fin de notre jeu.

Du Circus Maximus au Trastevere

Ce parcours vous invite à découvrir des lieux moins connus des touristes mais qui possèdent un charme unique. Site antique, coin de campagne en plein Rome, petites ruelles typiques et quelques curiosités vous seront révélés au cours de ce jeu de piste.

durée : environ 1 h
(hors pauses shopping ou repas)
réponses p. 199

Le point de départ est le **Circus Maximus** (ou Circo Massimo en italien), le grand stade antique des courses de chars. Certes, aujourd'hui cela ressemble plutôt à un terrain vague, mais pensez à tout ce qui s'est passé ici !

C'était le plus vaste hippodrome de Rome. Sa piste faisait près de 700 m. Le cirque était recouvert de marbre et pouvait accueillir près de 300 000 spectateurs venus assister à l'un de leur "show" préféré. Il y avait parfois jusqu'à 60 courses par jour ! Après plusieurs incendies et reconstructions, il est abandonné en 549 et il a fini par tomber en ruine.

Dirigez-vous vers le petit côté plat et **repérez** un parc entouré d'un mur. C'est vers ce parc que vous devez vous rendre. Pour aller à Naples (Napoli en italien), les automobilistes doivent prendre une rue qui fait référence à la Grèce.

Quel est le nom cette rue ?
Via della G__________

JEU DE PISTE N° 2

Les Romains ont colonisé la Grèce. Ils admiraient la civilisation grecque, qu'ils trouvaient raffinée et brillante. Dans l'Antiquité, le grec était la langue de la culture, le latin celle de l'administration. Pendant des siècles, tout Romain cultivé se devait d'être bilingue, en grec et en latin. Souvent, il avait eu une nourrice puis un pédagogue grec.

Longez le parc, attention, ça monte. Vous êtes sur le **Clivio dei Publicii**. Avouez que vous ne vous attendiez pas à ce calme et à ce côté campagnard en plein cœur de Rome ! Ça monte mais, réjouissez-vous, vous grimpez l'une des sept collines antiques de Rome, celle de l'**Aventin**.

Les six autres collines étant... ? Allez, on vous aide : le Palatin, le Capitole, le Quirinal, le Viminal, l'Esquilin et le Caelius.

Bien avant un carrefour, un **palmier** vous sert de guide. Arrivés à sa hauteur, continuez à monter, sur la droite, la **Via di Santa Sabina** jusqu'au bout, soit 400 m environ après le palmier. Arrivés sur la **Piazza dei Cavalieri di Malta**, peut-être trouverez-vous une file d'attente devant le portail fermé du **prieuré de l'ordre des chevaliers de Malte**. Observez bien. Les premiers se penchent et regardent à travers le trou de la serrure. Mais que regardent-ils ? À votre tour d'aller voir.

Question 2

Qu'avez-vous vu ?

_______________ _______________

La croix de Malte, symbole de l'ordre des chevaliers de Malte, est une croix à huit branches. Chacune de ses pointes représente l'une des promesses de bonheur (béatitudes) faites par le Christ. Elle était portée par les chevaliers de Saint-Jean de Jérusalem lors des croisades.

Faites maintenant **demi-tour** par la Via di Santa Sabina jusqu'à la **basilique Sainte-Sabine** (attention, elle est fermée de 12h à 16h). **Entrez** et regardez à l'intérieur de la grande salle rectangulaire. Vous observez des colonnes antiques de chaque côté.

Question 3

Combien comptez-vous de colonnes ?

Ces colonnes proviennent sans doute d'un édifice précédent. Si à Rome on voit peu de monuments antiques en parfait état, c'est que beaucoup d'entre eux ont été démontés. Le matériel était récupéré fréquemment pour bâtir de nouvelles églises et palais.

Sortez de la basilique et rentrez tout de suite à gauche, dans un **jardin**.

Question 4

Quels fruits poussent sur les arbres ?

Ces fruits sont malheureusement trop amers et ne se mangent pas. Une particularité que vous pourrez observer peut-être : l'arbre peut porter simultanément des fleurs et des fruits.

Allez au fond du jardin, montez quelques marches pour découvrir une **vue magnifique** sur la ville. En bas on découvre le Tibre, de l'autre côté du fleuve, c'est le quartier du **Trastevere**. Sur la droite s'élève le grand monument blanc que les romains appellent le Vittoriano. Et, au fond, vous pouvez voir la coupole de la **basilique Saint-Pierre**.

Le Vittoriano est un des surnoms du monument à Victor-Emmanuel II, mais il en a d'autres : la "machine à écrire", la "pièce montée". Sa construction a été décidée en 1878 pour rendre hommage au premier roi de l'unité italienne.

Sortez du jardin et, tout de suite sur la gauche, passez les grilles du **Clivo di Rocca Savella**. Descendez par cette petite rue qui offre un joli panorama sur la ville. On a vraiment l'impression d'être à la campagne. Au bas du Clivo, vous allez retrouver la civilisation et les voitures. Tournez à droite pour rejoindre le clocher roman et arriver à l'église **Santa Maria in Cosmedin**.

Question 5

Combien d'étages à trois fenêtres voyez-vous sur le clocher ?

____

Santa Maria in Cosmedin est une église fondée il y a plus de 1000 ans sur les restes d'édifices romains. Son campanile (XIIe siècle) est l'un des plus hauts de Rome. Il compte sept étages à partir des toits sur lesquels il s'élève.

Sous le porche, au fond à gauche, se dresse un grand masque en marbre qu'on appelle la **Bocca della Verità**, la "Bouche de la Vérité". Que fait-elle ? Elle mord les menteurs. À vous d'y glisser la main et de dire quelque chose. Si vous mentez, vous ne pourrez pas retirer votre main. Prêt à essayer ?

Entrez maintenant dans l'**église** et admirez son pavement multicolore, ses mosaïques sur fond d'or et ses colonnes. En sortant, de l'autre côté de la fontaine, on aperçoit **deux temples**.

Les Romains adoraient de très nombreuses divinités qui étaient censées les protéger dans toutes leurs activités. Le temple rond est dédié à Hercule, héros de la Grèce antique, et celui rectangulaire à Portunus, la divinité des Clés.

Derrière le temple rond se trouve le **pont Palatino** qui enjambe le Tibre. Vous allez le rejoindre, en traversant au niveau de **Santa Maria in Cosmedin**.

Sur le pont, arrêtez-vous un instant pour admirer la pointe de l'**île Tibérine**, taillée en proue de navire. Admirez aussi la dernière **arche** encore debout d'un autre pont antique, le pont Aemilius (IIIe siècle av. J.-C.). Dès la sortie du pont, **traversez** face à un grand bâtiment blanc que vous allez longer sur la gauche, jusqu'à découvrir une station-service, avec comme enseigne, un drôle d'animal.

Question 6

Comptez le nombre de pattes :

____

Contournez l'entreprise et suivez la **Via Peretti Pietro**, toujours tout droit, presque jusqu'au bout (200 m). Vous entrez dans le quartier du Trastevere. Les rues sont étroites, certains vieux murs défraîchis contrastent avec les maisons parfois couvertes de vigne vierge.

Vous arrivez sur la petite **Piazza dei Mercanti**. Aïe, il n'y a aucun nom de rue ! Un indice : suivez les tables du restaurant qui vont vous mener à la **Piazza Santa Cecilia** et à l'église du même nom.

Sainte Cécile a vécu à Rome au début du christianisme. Elle a été condamnée au martyre, après avoir converti de nombreuses personnes, dont son mari. On la représente souvent avec une couronne de fleurs, un plant de lys, un instrument de musique et une épée.

Dos à l'**église Santa Cecilia**, partez sur la gauche, puis suivez, encore à gauche, la **Via dei Genovesi** sur 250 m, jusqu'à la Viale di Trastevere qu'il vous faut traverser. **Tournez à droite** et suivez-la. Vous êtes maintenant sur le trottoir de gauche.

Profitez de l'ombre des grands platanes et cherchez des kiosques. Ne faites pas plus de 100 m pour cela. Avez-vous observé une tour devant vous ? Il s'agit de la **Torre degli Anguillara**.

Question 7

À quoi peut-on reconnaître que la tour date du Moyen Âge ?

____

On appelle aussi cette tour la **Maison de Dante**, bien que Dante (de son vrai nom Durante degli Alighieri) n'y ait jamais vécu. Il s'agit en fait d'une institution consacrée aux œuvres et à la vie de ce poète, écrivain et homme politique qui vécut au Moyen Âge.

À hauteur des kiosques, **tournez à gauche** pour arriver sur la **Piazza Santa Maria in Trastevere**, où se trouve la basilique du même nom.

La basilique Sainte-Marie-du-Trastevere fut édifiée au XIIe siècle sous Innocent II (1130-1143). Ses fondations reposent sur les ruines d'une basilique chrétienne du IIIe siècle, l'une des plus anciennes de Rome. Ses superbes mosaïques font sa réputation. Alors, entrez et jetez un œil. Vous ne serez pas déçus.

La **Piazza Santa Maria in Trastevere** est très touristique. On y trouve d'agréables et nombreuses terrasses de café. Il vous faut maintenant trouver une *farmacia*. Lorsque vous êtes face à elle, prenez la **première rue à gauche**, celle où vous apercevez un restaurant chinois, et poursuivez jusqu'à la **Via della Pelliccia** que vous emprunterez jusqu'à la **Piazza de Renzi**. Tournez à **droite** dans le **Vicolo del Cinque**.

Bifurquez maintenant à **gauche**, sur la **Via del Moro** qui va vous mener à l'une des places les plus célèbres du quartier du Trastevere : la **Piazza Trilussa**.

Question 8

Pour répondre à la question qui suit, allez sur le côté opposé à votre arrivée. Une **statue** s'y trouve et va vous renseigner.

Qui était Trilussa ?

____

Empruntez le Ponte Sisto et poursuivez en face sur 250 m, jusqu'à passer sous l'**arc del Monte** et atteindre la **Via dei Giubbonari**. À 100 m sur la gauche s'étend le **Campo de' Fiori** (le "champ de fleurs").

Vous l'avez deviné : il y a longtemps que les fleurs ont disparu des champs qui se trouvaient là et qui ont donné son nom au lieu. Un marché se tient ici tous les matins. La statue au centre est celle de Giordano Bruno, un moine brûlé vif pour avoir soutenu les thèses de l'astronome Copernic.

Dirigez-vous vers la droite, face à la statue, l'une ou l'autre ruelle, peu importe. Vous arrivez sur une place avec **deux fontaines** et, là, regardez bien. Le drapeau français flotte sur la façade d'un palais. Il s'agit du **Palazzo Farnese**, l'ambassade de France.

Question 9

Combien de fenêtres voyez-vous sur la façade ? ________________

Le Palazzo Farnese est l'un des plus beaux de Rome. Il a un lien avec la France depuis longtemps, les ambassadeurs de Louis XIV y logeaient déjà. C'est le siège officiel de l'ambassade de France depuis 1875.

JEU DE PISTE N° 2

Pour terminer agréablement votre parcours, nous vous convions à quelques déambulations dans les ruelles très pittoresques autour du Campo de' Fiori.

À l'angle gauche du palais, prenez le petit **Vicolo de Venti** et tournez à gauche sur la place. Vous entrez dans un univers plus humble de la vie romaine. La **Via dei Balestrari** vous ramène au **Campo de' Fiori** que vous traversez dans sa largeur pour parvenir, en face, à la petite **Piazza del Biscione**. Ici, plus de palais, mais de vieux édifices à l'enduit décrépi.

Levez les yeux et regardez les vieux ocres des façades et les décorations peintes sur les murs. **Dirigez-vous** vers le côté qui se resserre. On distingue parfaitement la courbe des gradins du théâtre antique de Pompée, sur lequel ont été construites des maisons.

Faites le tour de l'îlot central par la gauche et tournez à droite sur la **Via dei Chiavari** (la rue des Serruriers). Cette rue débouche dans la **Via dei Giubbonari** (la rue des Tailleurs) que vous remontez par la droite jusqu'au **Campo de' Fiori** où notre jeu se termine.

De la Piazza del Popolo à la Piazza Navona

Cette promenade va vous entraîner dans le dédale des ruelles du centre historique, à la découverte de sites réputés, de jolies églises et de quelques curiosités peu connues des touristes.

durée : environ 1h15
(hors pauses shopping ou repas)
réponses p. 199

Votre jeu de piste débute de la **place du peuple,** ou la Piazza del Popolo en italien, l'une des plus grandes places de Rome. Son nom, souvent traduit par "place du Peuple", ferait plutôt référence à un peuplier qui aurait poussé sur le mausolée de Néron.

Placez-vous dos à la porte : sur votre gauche, vous apercevez l'**église Santa Maria del Popolo,** construite à la demande du pape Sixte IV à la fin du XVe siècle. Elle abrite une belle collection de peintures, de fresques et de statues (attention, elle est fermée lu-sa de 12h à 16h et di de 13h30 à 16h30).

Rendez-vous maintenant devant l'**obélisque,** au centre de la place. Il date de l'époque de Ramsès II et a été rapporté d'Égypte par l'empereur Auguste. Au XIXe siècle, Giuseppe Valadier redessina la place en hémicycle autour de l'obélisque et ajouta à ses pieds des fontaines et des lions.

Combien comptez-vous de lions ?

____

JEU DE PISTE N° 3

Tournez-vous maintenant vers les **deux églises**. Leurs façades semblent être identiques (on les appelle les “églises jumelles”), mais si vous regardez avec attention, vous noterez quelques petites différences. Toutes deux s’appellent Santa Maria. L’une… in Montesanto.

Comment s’appelle l’autre ?

____

La place est le point de départ de trois rues, on appelle cela un *tridente*. Dirigez-vous vers la rue de droite, **Via di Ripetta**, et rendez-vous au n° 29. Depuis près de 60 ans, cette boutique répare toutes sortes d’objets en porcelaine, mais surtout un en particulier.

Quel est cet objet ? ______________________

Poursuivez dans la même rue jusqu’à la **Piazza Augusto Imperatore**. **Dirigez-vous** vers la droite où s’élève un bâtiment tout blanc. Il s’agit d’un musée à l’architecture très moderne qui abrite un autel de la Paix qui est, lui, très ancien (an 9 av. J.-C.).

Quel est le nom de ce musée ?

____

Cet autel de la paix a été érigé pour célébrer le retour de l’empereur Auguste, après ses campagnes victorieuses en Espagne et en Gaule. C’est un lieu symbolique car c’est ici que les soldats et leur commandant, de retour de leur campagne militaire, effectuaient les rites qui clôturaient leurs activités guerrières.

JEU DE PISTE N° 3

Faites le tour du bâtiment pour apercevoir, au travers de la façade vitrée, le monument richement décoré. En continuant votre tour, vous verrez sur le mur un texte en latin. C'est une copie de la biographie de l'empereur Auguste : le *Res Gestae* qui recense ses œuvres.

Tournez le dos au musée. **Au milieu de la place,** on entrevoit un vestige derrière des cyprès et une végétation luxuriante. Il s'agit du **mausolée d'Auguste.**

L'empereur Auguste décida de se construire une tombe grandiose en 29 av. J.-C., à l'instar des personnalités de l'Orient, comme Alexandre le Grand. Au cours des siècles, ce mausolée fut transformé en forteresse et en théâtre. Aujourd'hui, il est en cours de restauration et ne se visite pas.

Quelle est la forme du monument ?

____

Continuez d'avancer dans la **Via di Ripetta**. Après avoir traversé le feu, cherchez un drapeau espagnol. C'est l'ambassade d'Espagne.

À l'angle, tournez à gauche jusqu'à la **Piazza Borghese** où sont installés des petits vendeurs de dessins et de livres anciens.

Le nom de la place vient de la présence du Palazzo Borghese, sur la gauche, la résidence de la célèbre famille du même nom. Une partie des œuvres d'art exposées dans la Galleria Borghese provient d'ici.

Empruntez la **Via del Leone** qui conduit à la **Piazza San Lorenzo in Lucina.**

Question 6

Le mot italien *leone* désigne un animal. Lequel, à votre avis ? ___________

Cette place de forme triangulaire est le rendez-vous des familles du quartier mais aussi des célébrités, qui s'attardent sur les terrasses de café. La **basilique San Lorenzo in Lucina** datant du XIIe siècle possède un très joli portique et renferme notamment la tombe de Nicolas Poussin, célèbre peintre du XVIIe siècle.

À droite de l'église, observez la petite image de la Madone (Madonnelle). Vous en verrez beaucoup sur votre parcours en levant les yeux !

Question 7

Combien d'anges voyez-vous ? __________

Rome compte plus de **500 *Madonnelle***. Ce sont des petits oratoires qui rendent hommage à la Madone et qui sont placés aux croisements des rues, sur les maisons en hauteur, pour veiller sur les passants et les habitants du quartier.

Empruntez la **Via di Campo Marzio**. Arrivé au bout de la rue, vous allez passer devant la **Gelateria Giolitti** (p. 136). Une petite pause gourmande et on repart ?

Poursuivez votre chemin jusqu'à une grande place occupée par un obélisque et un immense bâtiment : c'est le **Palazzo Montecitorio.**

Le palais fut construit au XVIIe siècle par le Bernin pour la famille Ludovisi. L'architecte voulait donner l'impression que le bâtiment était taillé dans la roche. Remarquez les encadrements des fenêtres à chaque extrémité. Le palais abrite aujourd'hui le parlement de Rome.

Traversez la place en longeant le Parlement pour rejoindre la **Piazza Colonna**. Son nom est dû à la présence d'une grande colonne. Si vous avez déjà visité les forums impériaux, elle vous rappellera sûrement… la colonne de Trajan ! Réalisée entre 180 et 193 apr. J.-C., la frise raconte ici les exploits de l'empereur Marc Aurèle face aux barbares.

Plusieurs bâtiments importants entourent la place. Le **Palazzo Chigi**, avec le drapeau italien et européen, est la résidence du premier ministre et du conseil des ministres. À gauche, le **Palazzo Wedekind** est le siège du journal *Il Tempo*. Son portique est constitué de 16 colonnes ioniques provenant de la cité étrusque de Véies (Veio, en italien).

Dirigez-vous maintenant vers le côté gauche du palais Wedekind et empruntez la **Via dei Bergamaschi** qui débouche sur la **Piazza di Pietra** .

Admirez le grand bâtiment qui domine cette place où antique et moderne se mélangent étonnamment. Observez les colonnes qui ornent le monument et qui appartenaient au **temple d'Hadrien.**

Question 8

Combien de colonnes comptez-vous sur le temple ? __________

Le temple a été érigé en l'honneur de l'empereur Hadrien, divinisé après sa mort, par son successeur Antonin le Pieux, en 145. Les vestiges ont été inclus dans un bâtiment du XVIIe siècle, érigé par Carlo Fontana, pour abriter l'administration des douanes pontificales. C'est aujourd'hui le siège de la Bourse de Rome.

Prenez la rue à gauche, la **Via de' Burro**, et cherchez les fausses fenêtres qui sont dessinées en façade d'un bâtiment au début de la rue.

La ruelle débouche sur la **Piazza Sant'Ignazio** où se trouvent des palais et une **église** qui possède un effet d'optique étonnant. Entrez dans l'église et regardez en l'air !

En 1685, en pleine construction de l'église Sant'Ignazio, les fonds furent épuisés avant d'avoir réalisé la coupole. On décida alors de peindre une fausse coupole en perspective sur une toile de 17 m de diamètre. L'illusion est parfaite !

Sortez de l'église et dirigez-vous à gauche vers la **Via del Seminario**, qui vous mènera à la **Piazza della Rotonda** où se trouve un célèbre monument romain : le **Panthéon**.

Question 9

Complétez l'inscription sur le fronton :
M. ______________ L. F. COS.
TERTIVM. ___________________

Bâti à l'initiative d'Agrippa en 27 av. J.-C., le Panthéon est détruit par un incendie en 80 apr. J.-C. Reconstruit sur ordre de l'empereur Hadrien, entre 118 et 128 apr. J.-C. il est transformé en église en 609 apr. J.-C, Ce statut lui offre la chance d'être préservé. C'est aujourd'hui le monument antique le mieux conservé de Rome. L'entrée est gratuite, profitez-en pour jeter un œil (p. 38)

Dos au Panthéon, vous allez voir deux rues face à vous, celle que vous devrez prendre est la **Salita dei Crescenzi**. Prenez ensuite la première à gauche : la **Via di Sant'Eustachio**.

Avancez jusqu'à la **Piazza Sant'Eustachio**. Observez la toiture de l'église Sant'Eustachio. (vous la verrez mieux en vous plaçant au début de la **Piazza dei Caprettari**).

Question 10

Quel animal est représenté au sommet du fronton triangulaire de l'église ?

____

Eustache eut la vision de cet animal pendant une battue de chasse, ce qui fut à l'origine de sa conversion au christianisme.

Traversez la place, vous passerez devant un des cafés les plus célèbres de la ville, le Caffè Sant'Eustachio. Remontez la **Via della Dogana Vecchia** jusqu'à la **Piazza San Luigi dei Francesi**.

Vous voilà arrivés chez vous ! Enfin, du moins, dans le quartier français.

Sur la façade de l'**église San Luigi dei Francesi,** vous allez voir un animal qui ressemble à un lézard. C'est l'emblème de François 1er, le roi français qui régnait à l'époque de la construction de l'église.

Question 11

Comment s'appelle cet animal ?
S _ _ _ _ _ _ _ _ _ E

L'église est dédiée à Saint Louis, roi et patron de la France. Vous pouvez reconnaître le roi sur une statue de la façade. Il a une couronne sur la tête et des cheveux longs. Mais cette église est célèbre dans le monde entier car elle possède trois chefs-d'œuvre du Caravage. Prenez un instant pour les contempler.

À gauche de l'église, empruntez la **Via del Salvatore**. Traversez le **Corso del Rinascimento** pour déboucher sur la **Piazza Navona**, l'une des places les plus célèbres de Rome et qui conclut ce jeu de piste. Mais nous avons encore une question pour vous. Il y a quatre statues représentant quatre continents. Tiens, tiens, pourquoi quatre continents ? La réponse se trouve p. 40.

Arrivée

MENU
Pizzas

Quand est-ce qu'on mange ?

La cuisine italienne est bien plus variée que ce que l'on croit et c'est ce que vous allez découvrir au fil de ces pages. Les enfants sont bien accueillis, les Romains allant eux-mêmes souvent au restaurant en famille. La carte des menus se présente de façon un peu particulière en Italie. Le repas typique est composé de 4 plats : les *antipasti* (hors-d'œuvre), le *primo* (plat de pâtes, servi comme une entrée et non un plat principal), le *secondo* (plat de viande ou de poisson, sans garniture) et le *dolce* (dessert). Le *contorno*, la garniture de légumes, est à commander en plus. Rassurez-vous, vous n'êtes pas obligés de prendre une portion de chaque ! Et, attention, votre addition s'alourdira de quelques euros pour le couvert, le pain et l'eau. Côté horaires, les Italiens déjeunent la plupart du temps entre 13h et 14h. Le soir, vous pourrez dîner à partir de 18h30 dans le centre touristique, et vers 19h30 ou 20h dans les autres quartiers. Et les glaces, direz-vous ? À coup sûr, vous serez étonnés par la créativité des glaciers et la diversité des saveurs proposées.

LES PLATS TRADITIONNELS

Voyager, c'est aussi découvrir de nouvelles saveurs et goûter des plats typiques. Nous connaissons tous la cuisine italienne grâce à ses pizzas et ses pâtes, très prisées des plus jeunes gastronomes, mais Rome a quelques spécialités culinaires que nous sommes heureux de partager avec vous.

Pizza romaine : elle a une pâte fine, à ne pas confondre avec la pizza napolitaine à pâte épaisse. Si vous aimez les pizzas charnues, demandez *impasto napolitano*. La pizza *al taglio* (“à la coupe”) est servie en portion et se mange dans la rue.

Aperitivo : la coutume de prendre un apéritif à la terrasse d'un bar s'est répandue depuis quelques années à Rome. Assez classique, direz-vous, sauf qu'ici les boissons donnent accès, entre 18h et 21h, à un buffet d'antipasti gratuit.

Suppli : croquettes de riz farcies à la mozzarella, autour de 1€ pièce.

Fritti alla romana : légumes, parmi lesquels on trouve la *fior di zucca* (fleur de courgettes), très prisée des Romains, crevettes ou calamars frits.

Saltimbocca alla romana : escalope de veau roulée autour d'une tranche de jambon cru et d'une feuille de sauge, cuisinée dans une sauce tomate.

Carciofi alla romana : artichauts romains farcis avec de l'ail, de la menthe, du persil et de la chapelure. Ils se mangent chauds ou froids.

Pecorino romano : fromage au lait entier de brebis, au parfum et au goût affirmés sans être envahissants, très légèrement piquant.

Tiramisu : savoureux mélange de biscuit, de café et de mascarpone. Son nom veut dire "Tire-moi vers le haut", car il aurait la réputation d'être énergisant en fin de repas. Hum… certainement un alibi inventé par un gourmand !

Grattachecca : boisson glacée et sucrée très rafraîchissante. Pour la préparer, le marchand gratte un bloc de glace dans un gobelet en plastique, puis y verse un sirop et des cubes de fruits frais. La *grattachecca* typique mixe sirop de citron et fragments de citrons et de noix de coco.

LES RESTAURANTS

Voici nos adresses préférées pour petits et grands gourmands. Nos coups de cœur sont signalés par cette formule très italienne BUONO qui veut dire "C'est bon" !

Et voici deux symboles pour vous permettre de repérer facilement les restaurants qui chouchoutent plus particulièrement les *bambini* !

C Chaise haute pour bébé
E Menu enfant

CENTRE HISTORIQUE

RESTAURANTS

Alfredo e Ada *(italien)*
Via Banchi Nuovi, 14 • B Ponte Vittorio Emanuele • 06 687 8842 • ma-sa 12h30-22h
C E Plan p. 34-35 1 A3
Crée en 1945, ce restaurant, avec son plafond voûté en pierres apparentes, séduit par son caractère authentique. Il propose une cuisine romaine traditionnelle dans une ambiance familiale et décontractée.
Plat 20 €, réservation conseillée

Escosazio *(sur le pouce)*
Via dei Banchi Vecchi, 135 • B Chiesa Nuova • escosazio.it • 06 647 60784 • lu-sa 8h-18h, di 10h-18h
Plan p. 34-35 2 A4

Maracudja, goyave, guarana. Ce sont des fruits tropicaux que propose ce petit bar en version smoothie ou en jus de fruits énergétique. Ici, les sandwichs portent les noms des quartiers de la capitale et on les déguste sur des balançoires !
Smoothie 7,50 €

Trattoria Lilli *(romain)*

Via di Tor di Nona, 23 • B Ponte Vittorio Emanuele • trattorialilli.it • 06 686 1916 • ma-sa 12h30-15h, 19h-23h (di 12h-15h)
C E Plan p. 34-35 4 B3
Au nord de la Piazza Navona, la Trattoria Lilli est un merveilleux petit restaurant romain servant une cuisine familiale et fréquenté par des habitués. Rien d'innovant ou de créatif, on y va pour goûter des plats faits maison, ceux que l'on mangerait chez des amis. Agréable terrasse.
Repas 20 €, réservation conseillée

Pizzeria da Baffetto *(pizzeria)*

BUONO

Via del Governo Vecchio, 114 • B Corso Vittorio Emanuele-Chiesa Nuova • pizzeriabaffetto.it • 06 686 1617 • lu, me-ve 18h30-0h30, sa-di 12h30-15h30, 18h30-0h30
C E Plan p. 34-35 5 B4
À quelques minutes de la Piazza Navona, cette pizzeria très fréquentée par les Romains vous plongera dans la Rome authentique et conviviale. On y mange de délicieuses pizzas à pâte fine, légères et croustillantes. Des photographies des propriétaires accompagnés de célébrités tapissent les murs. Vous y reconnaîtrez sûrement le patron à son signe distinctif : ses fameuses moustaches *(baffetti)*, d'où le nom du restaurant.
Pizza 7 €

Santa Lucia *(italien)*

Largo Febo, 12 • B Corso Vittorio Emanuele-Navona • santaluciaristorante.it • 06 6880 2427 • tlj 12h-15h, 19h-23h (fermé en jan)
C E Plan p. 34-35 6 B3
Envie de revivre la scène des spaghettis du film *Mange, prie, aime* ? Alors, venez dans ce restaurant situé dans une charmante ruelle, tout près de la Piazza Navona. À l'abri de l'agitation de la place, vous pourrez profiter d'une magnifique terrasse.
Plat 15 €, dessert 7,50 €

Supplizio *(sur le pouce)*

Via dei Banchi Vecchi, 143 • B Chiesa Nuova • 06 8987 1920 • lu-sa 12h-21h30 (ve-sa 22h30)
Plan p. 34-35 9 B4
Cette petite restauration rapide est dirigée par l'un des chefs les plus reconnus de la capitale : Arcangelo Dandini. Sa spécialité est le *suppli*, proposé dans sa version

traditionnelle à base de foie de volaille, mais aussi à la sauce tomate ou végétarienne. Vous trouverez également d'autres fritures et quelques plats typiquement romains.
Suppli 3 €

Obicà *(bar à mozzarella)*

obica.com

Piazza Campo de' Fiori • B Baullari, Monserrato-Piazza Farnese • 06 688 0366 • tlj 8h-2h
C E Plan p. 34-35 (10) B4

Piazza di Firenze • B Prefetti • 06 6683 2630 • tlj 9h-0h
C E Plan p. 34-35 (21) C3

Cette chaîne de "bars à mozzarella" compte trois adresses à Rome. Dans un décor très réussi, on y sert des plats à base de mozzarella de bufflonne d'origine contrôlée, des salades, des pâtes, des pizzas. Voir aussi Borghese p. 149.
Plat 10 €, dessert 5 €

Dar Filettaro a Santa Barbara

(sur le pouce)

Largo dei Librari, 88 • M Argentina • 06 686 4018 • lu-sa 17h-22h30
C E Plan p. 34-35 (13) C5

Situé sur une charmante placette, ce petit restaurant au charme rustique est réputé pour son poisson frit et ses délicieux beignets de morue. Pour changer des frites, on sert en accompagnement de la *puntanelle*, une salade de chicorée avec une sauce à l'ail et aux anchois. Jolie terrasse en été pour dîner à la belle étoile.
Plat 15 €, dessert 7 €

Forno Roscioli

(pizza al taglio)

Via dei Chiavari, 34 • T Arenula-Cairoli • salumeriaroscioli.com • 06 686 4045 • lu-sa 7h-19h30
C E Plan p. 34-35 (15) C5

Le "pain Roscioli" est proposé dans les principaux restaurants de Rome. Au Forno Roscioli, près du Campo de' Fiori, vous aurez de quoi satisfaire votre appétit : pizza *al taglio*, brioches, biscuits, pains de toutes sortes, le tout à un prix tout doux. Ne manquez pas la pizza *rossa*, tartinée à la sauce tomate.
Part de pizza 3 €

Emma *(pizzeria)*

Via Monte della Farina, 28/29 • T Arenula-Cairoli • emmapizzeria.it • 06 647 60475 • tlj 12h30-15h, 19h-23h30
Plan p. 34-35 (16) C5

Au premier abord, cette pizzeria ne paraît pas très attractive mais une fois rentré, vous découvrirez une agréable salle aux murs en pierres apparentes et une grande verrière. Les produits italiens sont à l'honneur, en particulier le jambon et la mozzarella. Tout est délicieux, les pizzas comme les fritures, mais les pâtes à la *carbonara* sont un must !
Pizza 8/18 €, réservation conseillée

Open Baladin *(hamburger)*

Via degli Specchi, 6 • T Arenula-Cairoli • openbaladinroma.it • 06 683 8989 • tlj 12h-1h
Plan p. 34-35 (17) C5

sympathique qui ravira les grands et les petits. Les frites maisons sont croustillantes et les burgers délicieux. Le bar possède un large choix de bières artisanales mais aussi des boissons sans alcool pour vos bambins. Préférez les petites salles pour être au calme.
Hamburger 8 à 14 €, réservation conseillée

Ciao Checca *(sur le pouce)*

Piazza di Firenze, 25 • B Prefetti • ciaochecca.com • 06 6830 0368 • tlj 11h30-20h30 (22h30 me-di)
C E Plan p. 34-35 20 C3

Ce restaurant est une aubaine au milieu de tous les attrape-touristes du centre historique. Dans la cuisine, on vous prépare une sélection de *primi* dont la fameuse *pasta alla checca* (petites pâtes avec tomates, basilic et mozzarella) ou des petites escalopes de poulet frit. Dégustation sur place ou à emporter. On trouve aussi des plats sans gluten.
Pâtes 6,50 €

Trattoria Dal Cavalier Gino *(romain)*

Vicolo Rosini, 4 • B Prefetti • 06 687 3434 • ma-di 19h30-0h
Plan p. 34-35 22 D3

Caché dans un petit passage, ce restaurant est très fréquenté par les romains. L'ambiance est chaleureuse et familiale. On vous sert une succulente cuisine romaine qui suit les traditions : le jeudi c'est gnocchi, le vendredi c'est poisson. Les prix sont très accessibles donc le restaurant est souvent complet. Réservez !
Plat 10 €, dessert 6 €, réservation conseillée

Antica Focacceria San Francesco *(sur le pouce)*

Piazza della Torretta, 38 • B Prefetti • afsf.it • 06 6830 8297 • di-lu 12h-18h, ma-sa 11h-0h
C E Plan p. 34-35 23 D2

Selon les experts, la cuisine sicilienne est la meilleure cuisine de rue d'Italie. Ce restaurant propose un large choix de fritures et de paninis à emporter, comme les *arancine* (boule de riz frite farcie de viande, sauce tomate et petits pois) ou le *pani ca meusa* (pain à la rate) ainsi que des *primi e secondi* à savourer à table.
Repas 35 €

Gusto *(italien)*

Piazza Augusto Imperatore, 9 • B Augusto Imperatore-Ara Pacis • gusto.it • 06 322 6273 • tlj 12h-15h30, 9h-0h
C E Plan p. 34-35 25 C2

Du petit déjeuner au dîner, Gusto regroupe dans quatre restaurants

un bar à vins, un café, une pizzeria, une boulangerie, une rôtisserie et un fromager. Un concept original !
Repas 35 € environ

Hostaria Romana *(romain)*
Via del Boccaccio, 1 • M Barberini • hostariaromana.it • 06 474 5284 • lu-sa 12h-15h et 19h-23h
C E Plan p. 34-35 29 F3
Une adresse typique qui sert de la cuisine romaine. Les murs et les plafonds sont couverts des messages de clients, dans toutes les langues. À votre tour d'y laisser le vôtre ; pour une fois que les enfants sont autorisés à écrire sur les murs, profitez-en !
Menu 20 €, réservation conseillée

GOÛTERS

Pasticceria Cinque Lune
Corso Del Rinascimento, 89 • B Senato • 5lune.net • 06 6880 1005 • tlj 7h-21h30
C E Plan p. 34-35 8 C3
BUONO
Très bonne pâtisserie artisanale près de la Piazza Navona. Pendant le carnaval (fév-mars), testez les *frappe*, les *castagnole* ou les *zeppole di San Giuseppe.*

Pasticceria Andrea de Bellis
Piazza del Paradiso, 56 • B Corso Vittorio - Sant'Andrea Della Valle • andreadebellis.it • 06 688 05072 • tlj 9h-20h
Plan p. 34-35 12 C4
Cette petite pâtisserie vous fera atteindre le paradis, comme son adresse l'indique. Les desserts sont inspirés de la pâtisserie française. Le chef propose également une carte salée très originale. Laissez vous tenter par le *donuts burger,* un mélange sucré-salé explosif !
Donuts burger 9 €, pâtisserie 5 €

Pompi Store
Via della Croce, 82 • M Spagna • barpompi.it • 06 6994 1752 • tlj 10h-22h
C E Plan p. 34-35 26 E1
"Pompi, il regno del tiramisù." Ce slogan indique que vous êtes sur le point d'entrer dans le royaume du tiramisu. Et c'est vrai ! Traditionnel ou plus original (pistache, fruits rouges, banane-Nutella ou encore noisettes...), il est servi en portion individuelle à emporter.

Babington's
Piazza di Spagna, 23 • M Spagna • babingtons.com • 06 678 6027 • tlj 10h-21h30
C E Plan p. 34-35 27 E1
So british ! Le très célèbre Babington's, installé au pied de l'escalier de la Piazza di Spagna (depuis 1893), vous transportera en Angleterre le temps d'un thé ou d'un léger repas. Au menu, muffins, roast beef, toasts et, bien sûr, une très large sélection de thés.

GLACIERS

Gelateria del Teatro

Via di San Simone, 70 • B Ponte Vittorio Emanuele • 06 4547 4880 • tlj 11h30-1h

C E Plan p. 34-35 3 B3

Le succès de ce petit glacier tient autant à son décor pittoresque, au coin d'une jolie ruelle, caché sous les glycines, qu'à son vaste choix de glaces et de sorbets. On peut même voir la confection des glaces à travers les vitres du local de préparation.

Gelateria Grom

grom.it

Via agonale 3 • B Corso Vittorio Emanuele-Navona • 06 6880 7297

C E Plan p. 34-35 7 C3

Via dei Giubbonari, 53 • B Corso Vittorio Emanuele-Argentina • 06 6830 8453

C E Plan p. 34-35 11 C5

Via della Maddalena 30A • B Senato • 06 6821 0447 • di-je 11h-0h, ve-sa 11h-1h30

C E Plan p. 34-35 18 C3

Cette chaîne a ouvert sept sites à Rome (40 en Italie). Selon les saisons, on y trouve une sélection de saveurs composées à partir d'ingrédients naturels. Petite particularité : le glacier a pensé aussi à ceux qui ont une intolérance alimentaire (gluten, lait, soja, fruits à coques, œufs) et aux végétaliens !

Gelateria Carapina

Via dei Chiavari, 37 • T Arenula-Cairoli • 06 689 3843 • tlj 12h-00h

Plan p. 34-35 14 C5

Ce glacier de Florence a ouvert ses portes dans la capitale et a séduit les romains par ses glaces 100 % naturelles. Une vingtaine de goûts sont proposés selon les saisons. Les parfums sont intenses et la texture très onctueuse. Les sorbets aux fruits frais, comme la pêche ou la poire, sont exquis.

Glace 3 à 5 €

Gelateria Giolitti

Via degli Uffici del Vicario, 40 • B Prefetti • giolitti.it • 06 699 1243 • tlj 7h-1h30

C E Plan p. 34-35 19 D3

Giolitti est glacier depuis 1900 et sa fréquentation ne faiblit pas malgré les années et les concurrents. Tout le monde s'y presse. On y sert un très large choix de glaces et une chantilly à se damner *(panna)*.

Gelateria Ciampini

Piazza S. L. in Lucina, 29 • B Parlamento • ciampini.com • 06 6876606 • tlj 7h30 (di 9h30)-21h30

C E Plan p. 34-35 24 D2

Ce café est le plus prestigieux et le plus élégant de la capitale depuis 1941. Il est célèbre pour ses bonnes glaces artisanales : au chocolat fondant, à la pêche et pignons de pin ou aux fraises des bois. Très belle terrasse sur une charmante place.

Il Gelato di San Crispino
Via della Panetteria, 56 • M Barberini • 06 679 3924 • tlj 12h-0h30 (ve-sa 1h30)
C E Plan p. 34-35 28 E3
Proche de la fontaine de Trevi, le San Crispino est une institution ! Ce n'est pas nous qui le disons, mais les Romains eux-mêmes qui jouent des coudes pour se faire servir !

ROME ANTIQUE

RESTAURANTS

Rosso Eat Drink Stay *(italien)*
Viale Aventino, 32 • M Circo Massimo • rossoristora.it • 06 644 20656 • lu-ve 7h-1h, sa 8h-1h, di 11h-1h
Plan p. 48-49 1 C5
Voilà un restaurant ouvert toute la journée qui saura satisfaire toutes vos envies. La carte offre, selon l'heure, petit déjeuner au comptoir, buffet pour le midi, *aperitivo* de 18h à 20h30, dîner à la carte, sans oublier le brunch du dimanche. En été, le restaurant propose des paniers pour pique-niquer au Circo Massimo.
Buffet midi 11 €, dîner 25 €

Sora Lella *(romain)*
Via di Ponte Quattro Capi, 16 • B Piazza Monte Savello • soralella.com • 06 686 1601 • tlj 12h30-15h et 19h30-23h
C E Plan p. 48-49 2 A4
Située sur l'île Tibérine, la Sora Lella (célèbre actrice italienne des années 1970-1980 et ancienne patronne du restaurant aujourd'hui géré par la famille) est une référence de la cuisine traditionnelle romaine. Goûtez les paupiettes, les gnocchis à l'amatriciana ou les *tonnarelli alla cuccagna* (sauce à base de saucisses, lardons et noix).
Menu (eau et café compris) 50 €, réservation conseillée

Sora Margherita *(romain)* BUONO
Piazza delle Cinque Scole, 30 • T Arenula-Cairoli • 06 687 4216 • lu-sa 12h30-15h, lu, me, ve-sa 20h-23h15
C E Plan p. 48-49 3 A3
Ce petit restaurant situé en plein cœur du ghetto vous plongera dans une ambiance très familiale et rustique. Vous pourrez y déguster des plats de la cuisine juive (non casher) et romaine : pâtes fraîches faites maison, artichauts frits, côtes d'agneau grillées, paupiettes de viande en sauce. Gardez une place pour le dessert : la délicieuse tarte à la ricotta et cerises griottes est à tomber !
Repas 30 €, réservation obligatoire

Caffetteria Italia *(cafétéria)*
Terrasse du Vittoriano, piazza Venezia • B Piazza Venezia • 06 678 0664 • tlj 9h-19h
Plan p. 48-49 (6) B3
Située près des ascenseurs du monument dédié à Victor-Emmanuel II, cette cafétéria dispose d'une terrasse offrant une vue magnifique sur la Rome antique. Prix raisonnables pour un déjeuner ou un simple café. Service au bar.

All Bi One *(sur le pouce)*
Largo Corrado Ricci, 34 • M Cavour, Colosseo • allbione.com • 06 978 41165 • tlj 10h30-23h (0h ve-di)
Plan p. 48-49 (7) C3
La maison s'est spécialisée dans les *polpette*, des petites boules de viande nappées de sauce. La carte propose une dizaine de variétés et compte aussi des *polpette* de légumes ou de poisson. Goûtez les traditionnelles *polpette al sugo* (boulette de bœuf à la sauce tomate).
3 polpette : 3,5 € ; 8 polpette : 7 € ; 15 polpette : 11,50 €

La Taverna dei Fori Imperiali *(italien)*
Via Madonna dei Monti, 9 • M Cavour, Colosseo • latavernadeiforiimperiali.com • 06 679 8643 • tlj 12h30-15h et 19h30-0h (sf ma)
C E Plan p. 48-49 (8) C3
Très bon restaurant familial situé près du Forum. La cuisine est délicieuse et le service chaleureux. La Taverna reçoit fréquemment des célébrités. Alors, pourquoi pas vous ?
Plat 12 €, réservation conseillée

Alle Carrette *(italien)*
Via Madonna dei Monti, 95 • M Colosseo • 06 679 2770 • tlj 18h-1h
C E Plan p. 48-49 (9) D3
Idéalement située à proximité du Colisée et du Forum, cette pizzeria traditionnelle bénéficie d'une agréable terrasse donnant sur une ruelle au calme. On y mange de bons *fritti* et de savoureuses pizzas à prix mini.
Pizza 6 €, dessert 4,50 €

La Casetta della Madonna dei Monti BUONO
(cafétéria)
Via della Madonna dei Monti, 62 • M Cavour • 366 655 7863 • tlj 9h-21h
Plan p. 48-49 (10) D3
Cette petite maison recouverte de lierre se situe dans le quartier Monti à quelques pas du Colisée. L'ambiance est conviviale et chaleureuse. On y va pour déguster les gâteaux faits maison, mais son menu salé est tout aussi alléchant : pâtes, quiches, lasagnes préparées à l'avance et réchauffées à la commande.
Part de quiche 6 €

La Barrique *(cave à vins)*
Via del Boschetto, 41 • B Milano-Nazionale • 06 478 25953 • lu-ve 13h-15h30, 18h30-1h, sa-di 18h30-1h
Plan p. 48-49 (12) D2

Cette cave à vins (seul le nom est français !) sert une cuisine italienne simple et très appréciée par les Romains qui travaillent dans le quartier. Le midi, cet établissement est parfait pour un déjeuner à petit prix. Très bonne sélection de vins, mais seulement pour les parents !
Plat 10 €

Zia Rosetta *(panini)*
Via Urbana, 54 • M Cavour •
ziarosetta.com • 06 3105 2516 •
ma-di 11h-22h
C E Plan p. 48-49 13 D3
Petite sandwicherie près du Colisée qui s'est spécialisée dans la *rosetta* : un petit pain rond croustillant en forme de rose. Qu'elle soit grande ou petite, le chef glisse dans la *rosetta* des ingrédients frais choisis avec soin pour créer des assortiments exquis. Jus de fruits frais et café américain en accompagnement.
Mini-rosette 3 €, rosette 6 €

Urbana 47 *(italien)*
Via Urbana, 47 • M Cavour •
urbana47.it • 06 4788 4006 •
tlj 12h30-15h30, 19h-0h
C E Plan p. 48-49 14 D3
Ici, vous êtes assuré de manger des plats locaux, car le propriétaire utilise uniquement des produits provenant de la région. Autre particularité : vous pouvez acheter et emporter tout ce qui se trouve dans le local, des éléments de décoration à ce que vous avez dans votre assiette.
Plat 12 €, dessert 7 €

Il Bocconcino *(italien)*
Via Ostilia, 23 • M Colosseo •
ilbocconcino.com • 06 7707 9175 •
tlj 12h30-15h30, 19h30-23h30
(sf me)
C E Plan p. 48-49 15 E4
Dans une petite rue au calme, à 400 m du Colisée et du Forum, se trouve cette charmante trattoria au décor traditionnel avec des nappes à carreaux rouges et blancs. Les pâtes y sont excellentes et la carte fait honneur aux recettes romaines. Au choix : salle climatisée ou terrasse ombragée.
Plat 9 €, dessert 4,50 €

Panella *(sur le pouce)*
Via Merulana, 54/55 • M Vittorio
Emanuele • panellaroma.com •
06 487 2435 • lu-je 8h-23h,
ve-sa 8h30-24h, di 8h30-16h
E Plan p. 48-49 17 F3
Depuis plus de 80 ans, Panella défourne du bon pain tous les matins. Aujourd'hui, ce n'est pas seulement une des meilleures boulangeries de la ville, c'est aussi une excellente pâtisserie et une cafétéria qui propose un buffet varié

et savoureux à l'heure de l'*aperitivo*. Terrasse agréable en été.
Sandwich 5 €

GOÛTERS

Forno Boccione

Via del Portico d'Ottavia, 1 • B Piazza Monte Savello
06 6878637 • di-ve 7h-19h (sf ve 15)
Plan p. 48-49 4 A3
Cette boulangerie est une institution à Rome. Elle est particulièrement célèbre pour ses délicieuses tartes à la ricotta et griottes, servies à la part ou entières. Les boulangères sont très pittoresques et le service efficace ! Attention, chaud devant !

Mondo di Laura

Via del Portico d'Ottavia, 6 • B Piazza Monte Savello • mondodilaura.com • 06 68806129 • lu-ve 9h-20h (ve 16h), di 10h-20h
Plan p. 48-49 5 A3
Un petit creux ? Cette boutique est idéale pour s'accorder une pause sucrée entre deux visites. Ici, on ne vend que des biscuits faits maison et vendus à l'unité. Étant situé dans le quartier juif, tous les biscuits sont casher.

Antico Forno ai Serpenti

Via dei Serpenti, 122 • M Cavour • anticofornoaiserpenti.it • 06 4542 7920 • tlj 7h-20h45
C E Plan p. 48-49 11 D3
À l'heure du goûter, si vous passez devant la vitrine alléchante de cette boulangerie historique du Rione Monti, vos papilles vont se trémousser d'emblée de volupté. Tartes aux fruits, biscuits, strudels aux pommes et tant d'autres gourmandises sont à déguster sur place ou à l'ombre des murailles du Colisée. Absolument irrésistibles !

Antica Cornetteria

Via Labicana, 78 • M Manzoni, Colosseo • anticacornetteria.it • 06 7045 4084 • tlj de 8h-0h
C E Plan p. 48-49 16 E4
Très bonne pâtisserie ouverte tard le soir. *Cornetti* fourrés à la crème ou au Nutella, *rusticci* (gâteaux sablés), mignardises, fabriqués artisanalement.

GLACIER

Fassi (Palazzo del Freddo)

Via Principe Eugenio, 65 • B Principe Eugenio-Manzoni • palazzodelfreddo.it • 06 446 4740 • ma-sa 12h-0h, di 10h-0h, 22h en hiver
C E Plan p. 48-49 18 G3

Ce glacier offre un choix très impressionnant de parfums et réalise ses créations onctueuses et savoureuses à l'arrière du comptoir. La spécialité de la maison : les *san pietrini* en forme de pavés romains.

VATICAN

RESTAURANTS

Pizzarium *(pizza al taglio)* BUONO
Via della Meliora, 38 • M Cipro • 06 3974 5416 • lu-sa 10h-21h30
C E Plan p. 68 1 A2
Cette petite boutique spécialisée dans la pizza à la coupe et à emporter (pizza *al taglio*) ne désemplit pas. L'adresse se transmet entre initiés, car elle est un peu à l'écart. Attendez-vous à une longue file d'attente, mais c'est pour la bonne cause, car ces pizzas passent pour être les meilleures de Rome.
Part de pizza 5 €

L'Isola della Pizza *(italien)*
Via degli Scipioni, 45 • M Ottaviano-San Pietro • isoladellapizza.com • 06 3973 3483 • tlj 12h30-15h et 19h30-0h (sf ma-me, fermé en août)
C E Plan p. 68 3 C2
Cette "île de la pizza" sert, vous l'aurez deviné, des pizzas, mais aussi de la viande grillée et des pâtes fraîches. Le décor est original, avec des outils agricoles d'un côté, des casquettes accrochées au plafond de l'autre et une moto au-dessus du four à bois. Un joli fouillis convivial qui ravira les enfants !
Repas 20 €

Romeo Chef & Baker *(panini)*
Via Silla, 26 • M Ottaviano-San Pietro, T Risorgimento-San Pietro • romeo.roma.it • 06 3211 0120 • tlj 8h30-0h30
C E Plan p. 68 4 D2
Derrière ce concept se cache le chef Roscioli (p. 133) et la chef étoilée Cristina Bowerman, qui ont réuni leur savoir-faire pour offrir une cuisine raffinée, originale et très abordable. Vous pouvez opter pour un sandwich au pastrami, une part de pizza, ou vous poser au restaurant installé dans un garage restauré.
Part de pizza 4 €

Trattoria Ragno d'Oro BUONO
(italien)
Via Silla, 26 • M Ottaviano-San Pietro • ragnodoro.org • 06 3211 2362 • ma-di 12h30-15h30, 19h-0h
C E Plan p. 68 5 D2
Voici une trattoria de qualité, insérée au milieu des gargotes attrape-touristes. Le décor ne vaut pas le détour, il est un peu rustique, mais la cuisine est bonne et les prix bougrement mini. On y sert des plats typiques dans une ambiance familiale.
Plat 10 €, dessert 5 €

Bacio di Puglia *(sur le pouce)*
Via del Mascherino, 59 • M Ottaviano-San Pietro, T Risorgimento-San Pietro • baciodipuglia.it • 06 6830 7697 • tlj 10h-21h
C E Plan p. 68 6 D3
À deux pas du Vatican, cette petite boutique est idéale pour une pause déjeuner sympathique sans se ruiner. Ici, on vous sert une cuisine de la région des Pouilles: *panzerotti* (pizza *fritte* farcie), *focaccia de Bari*, pommes de terre riz et moules, *parmigiana* (gratin d'aubergines). Quelques tables sont à disposition.
Pâtes 6€, panzerotto 3€

Bianca *(sandwicherie)*
Borgo pio, 52 • B Traspontina • lu-sa 9h-19h
Plan p. 68 7 D3
Cette toute petite épicerie située au n° 52 de la pittoresque rue piétonne Borgo Pio est tenue par Bianca, qui vous préparera de délicieux sandwichs à consommer dans la rue. Un vrai morceau de gastronomie italienne enfermé entre deux tranches de pain!
Sandwich 3€

BUONO

BIS *(sur le pouce)*
Via Giovanni Vitelleschi, 38/40• B Vitelleschi • biscucina.it • 06 456 77250 • lu. 10h-16h, ma-ve 10h-16h, 18h30-22h, sa 12h-15h, 18h30-22h
Plan p. 68 8 D3
Avec des plats à emporter bons et sains, BIS est l'endroit idéal pour une halte, à quelques pas de la place St Pierre. Le menu inscrit sur l'ardoise propose quelques plats du jour. Il y a aussi des *polpette*, des falafels, des salades et des desserts. La liste des paninis est alléchante: jambon cru de Bassiano et mozzarella *di bufala*, rosbif et moutarde...
Pâtes 7€, sandwich 6€

Quarto Burger & Drink *(burger)*
Via Crescenzio, 52 • M Ottaviano-San Pietro, T Risorgimento-San Pietro • quartoburger.com • 06 4436 1167 • tlj 12h-0h
C E Plan p. 68 9 E2
Envie d'un bon hamburger pour changer? Alors, c'est ici qu'il faut venir. Proche du Vatican, ce restaurant au cadre épuré va plaire aux amateurs de bonne viande, car les patrons se font fort de ne servir que de la très bonne qualité. À consommer sur place ou à emporter.
Burger 7€

La Pratolina *(pizzeria)*
Via dei Scipioni, 248 • M Lepanto • pizzerialapratolina.it • 06 3600 4409 • lu-sa 19h30-1h
C E Plan p. 68 11 D2
Cette pizzeria sert la *pinsa*, la véritable pizza à l'ancienne. Contrairement à la pizza à pâte fine, la *pinsa* est plus épaisse, mais reste très légère et croustillante. Vaste choix de garnitures. Associez-la avec des fritures en entrée et ne manquez pas les succulents desserts.
Repas 20€

Da Cesare *(italien)*
Via Crescenzio, 13 • M Lepanto, T Risorgimento-San Pietro • ristorantecesare.com • 06 686 1227 • lu-sa 12h30-15h et 19h30-0h, di 12h30-15h
C E Plan p. 68 14 E2
Caché dans le quartier touristique de Prati, ce restaurant typiquement italien est fréquenté principalement par les gens du quartier. Le décor avec des airs de bistro parisien est élégant et l'ambiance très conviviale. Les produits utilisés sont de première qualité, de préférence nationaux et de saison. La spécialité : les pâtes aux truffes.
Plat 10 €, dessert 6 €, menu 40 €

Camillo B *(italien)*
Piazza Cavour, 21A • B Piazza Cavour camillob.com • 06 683 2077 • tlj 8h-1h
Plan p. 68 15 F2
Voilà une adresse pour prendre l'*aperitivo* comme les Romains (p. 15) ! Le buffet à volonté est très riche : pizzas farcies, omelettes, crudités, salades, pâtes, sandwichs… de quoi se remplir la panse pour le prix d'une boisson ! Venez aussi bruncher les week-ends (12h-15h30), où des animations sont proposées aux *bambini*.
Aperitivo 10 €. Brunch adulte 18 €, brunch enfant 10 €

Prati Urbani *(italien)*
Via Giovanni Pierluigi da Palestrina, 41/43 • B Piazza Cavour • pratiurbani.it • 06 877 25315 • lu-ve 7h-2h, sa 18h-2h
Plan p. 68 16 F2
Ce restaurant est ouvert toute la journée du petit déjeuner au dîner. Ici, vous pouvez prendre votre temps, vous reposer et profiter du wi-fi. Le resto loue même des vélos à la journée, il faudra juste les réserver quelques jours avant sur leur site Web.
Entrée-plat 12 € le midi

Le Carré français *(français)*
Via Vittoria Colonna, 30 • B Piazza Cavour • cfr-international.fr • 06 6476 0625 • ma-di 12h30-15h30 et 19h-0h
Plan p. 68 17 F3
La gastronomie française est à l'honneur dans cette boutique-restaurant née de l'union de cinq artisans français. On y trouve plusieurs stands : boulangerie, pâtisserie, fromagerie, cave à vin, charcuterie et épicerie fine. Un bistrot vous permettra de retrouver les saveurs françaises si vous avez un brin de nostalgie entre une pizza et des pâtes…
Repas 35 €

VATICAN

PIQUE-NIQUE

Château Saint-Ange
Plan p. 68 (10) E2
À l'arrière du château Saint-Ange s'étend un agréable espace vert propice à un pique-nique, après une visite du Vatican ou du château.

GOÛTER

Il Gianfornaio
Via dei Gracchi, 179 • M Lepanto • ilgianfornaio.com • 06 4543 8814 • lu-sa 8h-15h, 16h-21h
C E Plan p. 68 (12) E2
Cette boulangerie du nord de Rome s'est posée depuis peu près du Vatican pour le grand bonheur des touristes… et des gourmands ! La grande salle accueillante permet de s'attabler et de faire une pause sucrée ou salée à partir d'un large choix de biscuits faits maison.

GLACIERS

La Fata Morgana
Via Bettolo, 7 • M Ottaviano San Pietro • gelateriafatamorgana.it • 37 519 093 • tlj 12h-0h
C E Plan p. 68 (2) C1
Assurément, une bonne fée a dû se pencher sur cette *gelateria* où les glaces ont des goûts très originaux : basilic, pop-corn caramélisé, gorgonzola, artichauts à la vanille… mais on trouve aussi des saveurs plus classiques.

Del Gracchi
BUONO
Via dei Gracchi, 272 • M Lepanto • gelateriadeigracchi.it • 06 3216668 • tlj 12h-0h30
C E Plan p. 68 (13) E2
Au nord du château Saint-Ange, Del Gracchi se classe parmi les meilleurs glaciers artisanaux de Rome. Testez les parfums originaux, comme pomme-cannelle ou datte-noix.

TRASTEVERE

RESTAURANTS

Spirito di Vino *(italien)*
Via dei Genovesi, 31 A/B • B Genovesi • spiritodivino.com • 06 589 6689 • lu-sa 18h30-23h30
C E Plan p. 74 (1) F2
La devise de ce restaurant : "Manger sain pour vivre mieux." Ici, on milite pour une cuisine naturelle et locale. L'histoire des lieux est aussi intéressante, car cette ancienne bâtisse médiévale fut tour à tour

une synagogue, un couvent et une habitation.
Repas 30 €, réservation conseillée

Roma Sparita *(italien)*
Piazza di Santa Cecilia, 24 • T Belli, B Lungotevere Ripa-Ripense • romasparita.com • 06 580 0757 • lu-sa 12h30-14h30, tlj (sf lu) 19h30-23h30
C Plan p. 74 (2) F2
À l'écart des ruelles envahies par les touristes, ce restaurant propose une cuisine romaine sans chichi dont la spécialité est les *tagliolini cacio e pepe* (pâtes au fromage et au poivre), servis dans une barquette de fromage croustillant. Très belle terrasse en été en face de l'église Sainte-Cécile.
Repas 30 €

Pizzeria ai Marmi *(pizzeria)*
Viale di Trastevere, 53-57 • T Ippolito Nievo • 06 580 0919 • tlj 18h30-2h30
C E Plan p. 74 (3) E3
Autre adresse ancestrale de Rome pour manger une très bonne pizza à la pâte fine. À l'intérieur, vous pourrez admirer les facéties clownesques des pizzaiolos affairés devant leurs fourneaux et peut-être repérer les secrets de la pizza romaine. Grande terrasse agréable et plus calme en été.
Pizza 7 €

Sisini *(sur le pouce)*
Via di San Francesco a Ripa, 137 • T Trastevere-Mastai • 06 589 7110 • lu-ve 10h-19h30
C E Plan p. 74 (4) E2
Les Romains l'appellent aussi la *casa del suppli* car on y mange les meilleurs *suppli* de Rome. À emporter et à déguster en déambulant dans le très agréable quartier du Trastevere. Pour les plus gourmands, accompagnez votre *suppli* de délicieuses lasagnes faites maison.
Suppli 1,20 €

Ivo a Trastevere *(pizzeria)*
Via di San Francesco a Ripa, 158 • T Trastevere-Mastai • 06 581 7082 • tlj 12h30-14h30, 19h30-23h30 (sf ma)
C E Plan p. 74 (6) E2
Cet établissement, à l'écart des ruelles touristiques, ne paie pas de mine avec son décor plutôt vieillot et sa petite terrasse sur le trottoir. Mais ne vous fiez pas aux apparences. C'est l'une des meilleures pizzerias de Rome, avec ses pizzas à la pâte fine cuites au feu de bois. Ambiance chaleureuse et familiale.
Pizza 7,30 €, dessert 4,50 €

Paris in Trastevere *(romain)* BUONO
Piazza San Calisto, 7A • B Belli • ristoranteparis.com • 06 581 5378 • ma-sa 12h30-15h, 19h30-23h
C E Plan p. 74 (7) E2
Contrairement à ce que son nom pourrait indiquer, ce restaurant ne sert pas de la cuisine française, mais bien de la cuisine romaine, et tout ce qu'il y a de plus traditionnel, comme les fameux *carciofi alla giudia*.
Repas 40 €

Forno la Renella *(pizza al taglio)*
Via del Moro, 15 • T Belli • 06 5817265 • tlj 7h30-1h30
C E Plan p. 74 10 E1
Une des meilleures pizzerias *al taglio* de Rome. Ici, pas de graisses animales, seulement de l'eau, de la farine et de l'huile extra-vierge, comme le proclame une pancarte. Grand choix de garnitures qui varient selon les saisons.
Part de pizza 3 €

Bir & Fud *(pizzeria)*
Via Benedetta, 23 • B Lungotevere Farnesina-Trilussa • birandfud.it • 06 589 4016 • tlj 12h-2h
Plan p. 74 11 E1
Cette pizzeria est une des meilleures de la capitale. Les pizzas, à la pâte épaisse, sont abondamment garnies. Gardez une petite place pour goûter les chips maison ou le trio de *suppli* farcis aux trois sauces italiennes : *gricia*, *amatriciana* et *carbonara*.
Pizza 12 €, réservation conseillée

Pianostrada *(panini)*
Vicolo del Cedro, 26 • B Lungotevere Farnesina-Trilussa • 06 9521 5045 • ma-di 11h-15h, 17h-2h
C E Plan p. 74 12 E1
Quatre femmes gèrent de main de maître ce petit local où, chaque jour, d'excellents petits pains sortent du four. Ces ingrédients de base sont ensuite agrémentés de produits de qualité provenant du Lazio et de toute l'Italie : jambon de pays, mozzarella *di bufala*, burrata, petites tomates, mortadelle, saumon et un savoureux hamburger de *baccalà*. À tester : les *primi* du jour, les desserts, tous faits maison, et les boissons de fruits centrifugés.
Panini 7 €

Antico Arco *(italien)*
Piazzale Aurelio, 7 • B Carini-San Pancrazio, Mura Gianicolensi • anticoarco.it • 06 581 5274 • tlj 12h-14h30 et 19h-23h30
C E Plan p. 74 13 D2
Sur la colline du Janicule, ce restaurant gastronomique au décor élégant est très prisé des Romains, qui apprécient ses recettes traditionnelles revisitées et agrémentées d'une touche moderne.
Plat 15 €, dessert 12 €

Vivi Bistrot *(sur le pouce)*
Via Vitellia, 102 • T Casaletto, Gianicolense-Colli Portuensi • vivibistrot.com • 06 582 7540 • tlj 8h-18h (sf juin-août 20h)
C E Plan p. 74 15 A3
Situé dans le parc de la villa Doria Pamphilj, ce restaurant propose un menu bon marché compte tenu du cadre et de la qualité des produits (bio). On trouve aussi des paniers pique-nique à emporter. C'est l'un des rares restaurants à proposer des plats pour les enfants.

Buffet et plat 12 €, réservation conseillée. Panier pique-nique adulte 7,50 €, enfant 6 €

PIQUE-NIQUE

Villa Doria Pamphilj

Plan p. 74 (14) B2

Le parc est vaste et vous aurez le choix de l'emplacement selon votre humeur et vos envies, au milieu des statues et des kiosques, près de la mare ou encore à l'ombre des pins parasols. Et si vous n'avez pas eu le temps de préparer vos sandwichs, pas de souci. Vous pourrez prendre un panier pique-nique au Vivi Bistrot (voir ci-contre).

GOÛTER

Le levain

BUONO

Via Luigi Santini, 22/23 • B Piazza San Cosimato-Santini • 06 64562880 • ma-sa 8h-20h30, di 9h-18h30

Plan p. 74 (5) E2

Un peu à l'écart des rues animées de Trastevere, cette boulangerie vaut le détour. Ancien élève d'Alain Ducasse, le chef boulanger-pâtissier a su mélanger la technique française aux saveurs italiennes et propose une carte très originale, comme l'éclair au tiramisu ou le croissant salé farci au jambon de Parme !

Pâtisserie 4 à 5 €

Pasticceria Valzani

Via del Moro, 17B • B Lungotevere Sanzio-Filipperi • 06 580 3792 • lu-ma 12h-19h, me-di 10h-19h30

C E Plan p. 74 (9) E1

Depuis 1925, la pâtisserie Valzani, inscrite comme boutique historique de la ville de Rome, régale les gourmands. Derrière la devanture qui ne paie pas de mine, vous trouverez le fameux *torrone romano* (nougat). Autres spécialités de la boutique : la *sachertorte* (pas très italien, certes, mais si bon !) et les chocolats.

GLACIER

Fior di Luna

Via della Lungaretta, 96 • T Belli • fiordiluna.com • 06 6456 1314 • ma-di 12h-2h

C E Plan p. 74 (8) E1

Il y a beaucoup de glaciers à Rome, mais les ingrédients de ces glaces-ci sont bio ou issus du commerce équitable. Pour les fans de chocolat, plusieurs goûts, avec un chocolat plus ou moins fort, sont disponibles.

BORGHESE

RESTAURANTS

20 MQ Design & Derivati

(sur le pouce)
Via Flaminia, 314/C • T Flaminia - Vignola • 20mq.com • 06 3105 2302 • lu-sa 8h-22h, di 10h-20h
E Plan p. 80-81 ② A2
Le nom de ce restaurant fait plutôt penser à une boutique. En réalité, ce sont les deux ! Ici, vous pouvez manger un sandwich, un plat chaud ou boire un bon thé au milieu d'une sélection de petits objets design en vente. La salle dispose de quelques places assises et surtout d'une petite terrasse au soleil très agréable.
Sandwich 6 €

Tree Bar *(italien)*

Via Flaminia, 226 • T Flaminia-Fracassini • treebar.it • 06 3265 2754 • lu 18h30-1h, ma-di 11h30-15h et 18h-1h
C E Plan p. 80-81 ③ A2
En bordure de la Via Flaminia, le Tree Bar est facilement accessible en tramway et idéal avant ou après une visite du MAXXI (p. 87). Doté d'une belle terrasse et d'un design scandinave, il propose une excellente cuisine italienne. Les aires de jeux de plein air situés à proximité réjouiront vos *bambini.*
Repas 20 €

Babette *(italien)*

Via Margutta, 1D • M Flaminio Piazza del Popolo • babetteristorante.it • 06 3211559 • ma-di 13h-15h, 19h-23h (fermé en août)
C E Plan p. 80-81 ④ B4
Situé dans un quartier tranquille et disposant d'une agréable cour intérieure, le Babette propose une cuisine italienne de qualité. Le buffet du midi est idéal pour plaire à tout le monde, sans grever le budget. Le soir, pas de buffet, mais un service à la carte.
Buffet ma-di midi 28 € (adulte), 18 € (enfant), repas complet 40 € le soir, réservation conseillée

Il Margutta *(végétarien)*

Via Margutta, 118 • M Flaminio Piazza del Popolo • ilmarguttavegetariano.it • 06 3265 0577 • tlj 12h30-15h30 et 19h-23h30
C E Plan p. 80-81 ⑤ B4
Implanté depuis plus de trente ans, c'est l'un des rares restaurants végétariens de Rome. Le cadre est moderne et coloré. La cuisine est succulente et magnifiquement mise en valeur. Mais rassurez-vous, même les non-végétariens seront séduits par la qualité de la carte.

Le local fait aussi galerie d'art pour allier plaisir des yeux et du palais.
Buffet sa-di 25 €, menu 35 €, réservation obligatoire pour dîner

Rossini *(italien)*
Via G. Rossini, 48 • T Rossini • pescheriarossini.it • 06 854 3804 • lu-sa 12h-15h30, 19h-1h
C E Plan p. 80-81 7 D2
Ici, vous aurez le choix entre plusieurs formules. Si vous avez le temps, arrêtez-vous à la *pescheria* pour goûter les spécialités de poisson de la maison. Si vous êtes pressé, servez-vous plutôt au buffet dans la zone bar. Le restaurant dispose d'une terrasse extérieure ombragée.
Buffet le midi 6 €, plat 11 €, dessert 7 €

Obicà *(bar à mozzarella)*
Via Guido d'Arezzo, 49 • T Rossini • obica.com • 06 8534 4184 • lu-sa 8h-0h
C E Plan p. 80-81 8 D2
Voici l'autre adresse de cette chaîne de bars à mozzarella. Voir aussi Centre historique p. 133.
Repas 20 €

Serenella *(pizza al taglio)*
Via Salaria, 50 • B Salaria-Aniene • ristoranteserenella.it • 06 6478 1660 • lu-sa 8h-22h30
C E Plan p. 80-81 9 E4
Cette pizzeria classique présente un large choix de pizzas *al taglio* à pâte légère, pétrie à la main. Une adresse à retenir pour un repas rapide et économique, mais de qualité.
Part de pizza 3 €

Ham Holy Burger *(burgers)*
Via Brescia, 24 • B Nizza-Mantova • hamholyburger.com • 06 8956 2939 • tlj 12h30-15h et 19h30-0h
C E Plan p. 80-81 11 E4
Vous n'aurez aucun mal ici à vous faire comprendre par le serveur, car vous pourrez commander sur une tablette. La vedette est bien sûr le burger en version classique, gourmet, végétarienne ou enfant, à accompagner de succulentes frites. Connectée à Internet, la tablette est en libre consultation durant votre repas : de quoi occuper vos enfants !
Burger 9 €

Pro Loco Pinciano *(pizzeria)*
Via Bergamo, 18 • B Fiume • prolocopinciano.it • 06 841 4136 • tlj 11h-15h et 19h30-0h
Plan p. 80-81 12 E4
La gastronomie de la région du Lazio est à l'honneur dans ce restaurant. La charcuterie et les fromages sont présentés en vitrine pour une dégustation sur place ou à emporter. La cuisine propose aussi d'excellentes pizzas croustillantes et une belle sélection de plats chauds comme les spaghetti au *cacio e pepe* (fromage et poivre).
Pizza 7 €

BORGHESE

I Butteri *(grillades)*
Piazza Regina Margherita, 28 • T Viale Regina Margherita Nizza • ibutteri.it • 06 8548130 • tlj 12h30-15h et 19h30-3h
C E Plan p. 80-81 13 F4

Une référence dans le quartier pour les noctambules : le restaurant est ouvert jusqu'à 3h du matin. Les grillades sont délicieuses, comme la *fiorentina* (morceau de viande de bœuf coupé avec l'os en forme de T) ou la *buttera* (pièce de 800 g servie sur un plateau chauffant). Il y a même des pizzas pour les végétariens !
Repas 25 €

Villa Paganini *(italien)*
Vicolo della Fontana, 28 • B Nomentana-Trieste • ristorantevillapaganini.it • 06 4231448 lu-sa 12h30-15h30 et 18h30-23h30
C E Plan p. 80-81 14 F3

Adossé au parc de la très jolie villa Paganini et proche de la villa Torlonia, cet établissement propose une très bonne cuisine italienne classique, dans un décor de maison de maître qui se fond avec le cadre de la villa Paganini. Vous y dégusterez des pâtes fraîches et des spécialités de poissons.
Repas 40 €

La Limonaia *(italien)*
Via Lazzaro Spallanzani, 1A • T Viale Regina Margherita-Nomentana • lalimonaiaroma.it • 06 440 4021 • tlj 11h-0h
C E Plan p. 80-81 15 G4

Ce restaurant est situé dans le parc de la jolie villa Torlonia. On y vient surtout pour son agréable jardin intérieur et l'espace récréatif pour les enfants. Au menu, essentiellement des pizzas et des salades. Attention, l'attente peut s'avérer un peu longue l'été ou le week-end.
Repas 20 €

PIQUE-NIQUES

Villa Borghese
M Flaminio Piazza del Popolo
Plan p. 80-81 6 B3

Pour un moment de fraîcheur, venez pique-niquer sur les pelouses du parc de la villa Borghese ou du Pincio. Attention, en revanche, à ne pas vous installer dans l'espace qui se trouve devant le zoo : il est réservé aux chiens, mais c'est très mal indiqué. Évitez les paninis des camions ambulants et ceux du bar du zoo. Préférez plutôt ceux vendus au snack à l'intérieur du musée Borghese.

Villa Torlonia
B Nomentana-Trieste
Plan p. 80-81 16 G4

Vous pourrez pique-niquer dans l'un des espaces verts du parc.

GOÛTERS

Dolce
Via Savoia, 52 • B Fiume, Salaria-Isonzo • officinadolce.it • 06 8416279 • tlj 9h30-20h (di 13h)
C E Plan p. 80-81 10 E4

Cette pâtisserie créative, dont on devine le laboratoire derrière une vitre, confectionne des gâteaux très originaux et succulents. Le chef soigne particulièrement les enfants avec des recettes spécialement conçues pour eux.

Mizzica

Via Catanzaro, 30-36 • M Bologna • mizzicaroma.com • 06 4423 6024 • tlj 9h-23h
C E Plan p. 80-81 17 H4
Petit voyage culinaire en Sicile pour déguster une *cassata* sicilienne, des *cannoli* ou plein d'autres douceurs à emporter ou à consommer sur la petite terrasse.

Pasticceria Cavalletti

Via Nemorense, 179-181 • M Libia • pasticceriacavalletti.it • 06 8632 4814 • me-lu 9h-19h30
C E Plan p. 80-81 19 G1
Si vous aimez les gâteaux, ne manquez pas l'une des meilleures pâtisseries de la ville, ouverte depuis 1951, très réputée pour ses *millefoglie* (mille-feuilles). La reine d'Angleterre elle-même en serait, paraît-il, très friande.

Bar Romoli

Viale Eritrea, 140 • M Conca d'Oro • barromoli.it • 06 8632 5077 • tlj 6h-22h (ve-di 0h)
C E Plan p. 80-81 20 G1
Dans une longue vitrine se côtoient des gâteaux tous plus appétissants les uns que les autres pour gourmands de tous âges. Les amateurs de glaces ne sont pas oubliés pour autant, avec un vaste assortiment de saveurs de fabrication artisanale.

GLACIERS

Neve di Latte

Via Luigi Poletti, 6 • T Piazza Mancini • 06 320 8485 • tlj 12h-23h30 (ma 23h)
C E Plan p. 80-81 1 A1
Voici l'un des meilleurs glaciers de Rome et aussi l'un des plus créatifs. Fabriquées avec des produits naturels, les glaces dévoilent des saveurs classiques et très originales comme celle à la vinaigrette !

Gelateria Marinari

Corso Trieste, 97B • B Trieste-Gorizia, Trieste-Trasimeno • gelateriamarinari.com • 06 3555 5441 • tlj 9h-0h30
C E Plan p. 80-81 18 G3
Cette *gelateria* artisanale propose plus de 30 parfums de glaces et un vaste choix de gâteaux. Petit bémol : il n'y a pas de places assises.

On a cassé la tirelire !

Côté shopping, Rome ne manque pas d'attraits. Les alentours de la Piazza di Spagna concentrent les vitrines des marques italiennes de luxe. Mais la Ville éternelle compte aussi des marques plus abordables que nous allons vous faire découvrir au fil de ces pages. Au Vatican, vous trouverez un grand choix d'objets religieux. Un tour dans un marché avec les enfants s'impose pour vous imprégner de la vie locale. Quant aux amateurs de bonnes affaires, ils trouveront leur bonheur dans les *outlets* à la périphérie de la ville. On ne peut pas aborder le shopping à Rome sans parler des nombreux commerces d'alimentation qui font la part belle à la gastronomie italienne. Les boutiques sont généralement ouvertes de 9h à 13h et de 16h à 19h-20h, sauf les supérettes et les grandes surfaces ouvertes sans interruption. Fermeture quasi générale le dimanche. Les soldes d'hiver commencent le 5 janvier et ceux d'été le 6 juillet et durent deux mois.
Nos coups de cœur sont signalés par MAMMA MIA, une expression italienne typique pour dire que quelque chose est super !

CENTRE HISTORIQUE

C'est le quartier préféré des Romains en matière de shopping. Le top de la mode se concentre principalement dans les rues autour de la Piazza di Spagna : Via del Corso, del Babuino, Frattina, Borgognona, Bocca di Leone et Condotti. Tout à côté, la Via Margutta est particulièrement célèbre pour ses ateliers de peintres et ses galeries d'art. Proche du Tibre, la Via Giulia réjouira les amateurs d'antiquités, tandis que les amateurs de vintage trouveront leur bonheur autour de la Piazza Navona.

Rachele *(mode)* MAMMA MIA
Vicolo del Bollo, 7 • B Cancelleria • 329 6481 004 • ma-sa 10h30-14h et 15h30-19h30
Plan p. 34-35 3 B4
Installée depuis 15 ans dans cette petite ruelle à deux pas du Campo de' Fiori, la styliste suédoise Rakel réalise à la main des vêtements artisanaux pour les enfants (0-12 ans) avec des tissus originaux et colorés.

Miky *(mode)*
Via dei Giubbonari, 63 • T Argentina • 06 6880 3501 • lu 15h30-19h30, ma-sa 9h30-13h et 15h30-19h30, di 10h-13h et 15h30-19h30
Plan p. 34-35 13 C5

À proximité du Campo dei Fiori, cette petite boutique propose un très grand choix de modèles de chaussures pour bébés et enfants jusqu'à 14 ans, avec un très bon rapport qualité/prix.

Davide Cenci *(mode)*
Piazza Campo Marzio, 4 • M Prefetti • davidecenci.com • 06 6830 8441 • lu 15h30-19h30, ma-sa 10h-19h30
Plan p. 34-35 23 D3
Cette enseigne historique consacrée aux vêtements et chaussures de marques depuis 1926 a ouvert depuis peu sa boutique entièrement dédiée aux bambins dans un décor moderne et design. Modèles jusqu'à 16 ans.

MAMMA MIA

7 Camicie *(mode)*
Via del Corso, 416 • B Spagna • 7camicie.com • 06 4004 2096 • lu-sa 10h-21h (ve-sa 21h30), di 10h30-13h30 et 15h-20h
Plan p. 34-35 27 D2
Ce spécialiste de la chemise propose des modèles de toutes les couleurs pour hommes, femmes et enfants. Et même pour votre chien !

Je m'en fous *(mode)*
Via Della Fontanella Di Borghese, 64 • B Largo Goldoni • jemenfous.it • 06 6889 1740 • lu 14h30-19h30, ma-sa 10h30-19h30
Plan p. 34-35 29 D2
L'enseigne est française, mais la marque est italienne. La collection est consacrée aux femmes et propose des vêtements en taille adulte et enfant (2-8 ans) pour celles qui veulent s'habiller comme leur maman !

Pure *(mode)*
Via Frattina, 111 • M Spagna • puresermoneta.it • 06 679 4555 • di-lu 11h-19h30, ma-sa 10h-19h30
Plan p. 34-35 31 D2
Gucci, Fendi, Armani, Missoni Les grands couturiers italiens et internationaux version *bambini* dans cette boutique au joli décor vert pomme.

I Pinco Pallino *(mode)*
Via del Babuino, 115 • M Spagna • pincopallino.it • 06 6919 0549 • lu-sa 10h-14h et 15h-19h
Plan p. 34-35 40 D1
L'enseigne veut dire "le n'importe qui". Or, dès que vous entrez dans cette boutique, vous comprenez que ce n'est pas fait pour n'importe qui. C'est beau et cher, mais si chic !

Leo & Chloe *(mode)*
Via dei due Macelli, 59A • M Spagna • 06 679 5856 • ma-sa 11h-14h et 15h30-19h30 (fermé lu matin)
Plan p. 34-35 44 E2

Les grands créateurs sont ici déclinés dans leur version enfant, de Sonia Rykiel à Jean Paul Gaultier, en passant par Kenzo. Modèles de 0 à 16 ans.

Mettimi Giù *(mode)*

Via dei due Macelli, 59E • M Spagna • 06 678 9761 • lu 15h30-19h30, ma-sa 10h-19h30
Plan p. 34-35 45 E2

Craquez pour des mini-UGG ou une petite paire de Hunter dans ce magasin de chaussures et vêtements de marques dédié aux enfants jusqu'à 16 ans.

OVS Industry *(mode)*

Via del Tritone, 172 • M Barberini • oviesse.com • 06 678 3336 • lu-sa 9h-20h, di 10h30-20h
Plan p. 34-35 46 F3

La chaîne de magasins OVS (prononcez "oviéssé") propose de la mode et des accessoires pour toute la famille à partir de 2 ans. C'est un peu Zara ou H&M version italienne. Voir aussi Trastevere p. 167, Borghese p. 168.

WP Outlet *(mode, loisirs)*

Via Sora, 46 • T Argentina • windsurfparadise.com • 06 6880 6564 • tlj 11h30-19h30
Plan p. 34-35 2 B4

Déstockage de la marque Windsurf Paradise, spécialiste du sportswear, toujours prise d'assaut par la jeunesse romaine à la recherche d'un skateboard ou d'une tenue cool à prix réduit (entre −30 % et −50 %).

La Zucca Stregata *(mode, loisirs)*

MAMMA MIA

Via delle Carrozze, 65 • B Spagna • zuccastregata.com • 06 679 8248 • lu-sa 10h-20h
Plan p. 34-35 33 E2

"La citrouille ensorcelée" : tout un programme pour cette chaîne de boutiques consacrée à la décoration de la maison et à l'habillement de toute la famille. C'est fun, original et coloré. À ne pas manquer : les adorables bouillottes pour avoir chaud l'hiver. Voir aussi Rome antique p. 162.

Kouki *(décoration)*

Via dei Coronari, 213 • B Ponte Vittorio Emanuele • www.koukivetrosoffiato.com • 06 689 6704 • lu-ve 9h-19h
Plan p. 34-35 5 B3

Vous trouverez plein d'idées de cadeaux dans ce temple du verre soufflé. Du pendentif à la lampe design, tout est fait à la main par des maîtres verriers. Coloré et très original.

Frette *(décoration)*
frette.com
Via del Corso, 381 • M Barberini • 06 678 6862 • lu 15h-19h30, ma-sa 10h-19h30
Plan p. 34-35 24 D3
Piazza di Spagna, 11 • M Spagna • 06 679 0673 • lu 14h-19h30, ma-sa 10h-19h30
Plan p. 34-35 41 E2
Via Nazionale, 84 • M Repubblica Teatro dell'Opera • 06 488 2641 • lu-sa 10h-19h30
Plan p. 34-35 48 G4
Cette maison de tradition, qui date de 1860, est célèbre dans le monde entier pour ses parures de lit de grand luxe en satin, percale ou lin. Elle a aussi décliné une très belle collection de vêtements d'intérieur en cachemire dans des teintes naturelles.

Tebro *(décoration)*
Via dei Prefetti, 48-54 • B Prefetti • tebro.it • 06 687 3441 • lu-je 10h-14h et 16h-20h, ve-di 10h30-20h
Plan p. 34-35 25 D3
Moins connue en France que son concurrent Frette, cette marque de linge de maison haut de gamme, créée en 1867, a développé des vêtements chics d'intérieur pour adultes et une ligne pour les enfants.

Ricami Veronica *(décoration)*
www.ricamiveronicaroma.it
Via Frattina, 106 • M Spagna • 389 647 2201 • lu-sa 10h-20h
Plan p. 34-35 30 D2
Via della Croce, 77A • M Spagna • 380 472 4134 • lu-sa 10h-20h
Plan p. 34-35 35 D2
Boutique de linge de maison où une brodeuse peut personnaliser sur place votre linge. À ramener : le tablier *la migliore cucina è quella della nonna* ("la meilleure cuisine est celle de ma grand-mère").

C.U.C.I.N.A *(décoration)*
Via Mario del Fiori, 65 • M Spagna • www.cucinastore.com • 06 679 1275 • lu 15h-19h30, ma-sa 10h-19h30
Plan p. 34-35 34 E2
Situé près de la Piazza di Spagna, ce magasin est spécialisé dans le matériel de cuisine à l'italienne. Couteaux à parmesan, pinces à pâtes, burettes à huile, sans oublier des cafetières typiques italiennes !

Marmi Line *(décoration)*
Via del Lavatore, 28 • B Barberini • 06 678 6347 • tlj 10h-0h (avr-oct), 10h-13h30 (nov-mars)
Plan p. 34-35 47 E3
Vous dénicherez ici des reproductions de statues antiques, des mosaïques, des vases et toutes sortes d'objets en marbre, en albâtre et en travertin (la pierre utilisée pour construire le Colisée). Ils peuvent expédier vos achats chez vous !

MAMMA MIA

Bartolucci *(déco, loisirs)*
Via dei Pastini, 98 • B de Burro • bartolucci.com • 06 6919 0894 • tlj 10h-22h
Plan p. 34-35 18 D3

Cette entreprise artisanale, spécialisée dans le travail du bois, est en activité depuis trois générations. On y trouve des objets ludiques et colorés pour décorer la chambre des juniors. La spécialité de la maison : des Pinocchio de toutes les tailles. Voir aussi Trastevere p. 167.

MAD *(concept store)*
Piazza di S. Salvatore in Lauro, 11 • B Lungotevere Tor Di Nona - Rondinella • madeaboutdreams.com • 06 6839 5080 • lu-sa 10h-19h30
Plan p. 34-35 4 B3
Ce petit *concept store* est rempli de curiosités : jouets, décoration, vêtements, petits meubles, peluches. MAD est la boutique idéale pour retomber en enfance et trouver un cadeau original à offrir aux *bambini*.

Officina Profumo Farmaceutica di Santa Maria Novella *(beauté)*
Corso del Rinascimento, 47 • T Argentina • 06 6879608 • lu-sa 10h-19h30
Plan p. 34-35 10 C4
Succursale de la célèbre parfumerie florentine créée en 1612 par des moines dominicains, cette boutique au charme rétro propose des crèmes de beauté, des savons, des shampoings, des gels de douche, dont certaines formules n'ont pas changé depuis le XVIIe siècle.

Pro Fumum *(beauté)*
profumum.com
Via della Colonna Antonina, 27 • M B Barberini • 06 679 5982 • lu-sa 10h-19h
Plan p. 34-35 19 D3
Via di Ripetta, 10 • M Spagna • 06 320 0306 • lu-sa 10h-19h
Plan p. 34-35 43 C1
Créateur romain de crèmes de beauté, d'eau de Cologne et de parfums artisanaux pour hommes, femmes et pour la maison. D'agréables senteurs dans de très jolis flacons.

Antica Erboristeria Romana *(herboristerie)*
Via Torre Argentina, 15 • T Argentina • www.anticaerboristeriaromana.it • 06 687 9493 • lu-sa 9h-18h
Plan p. 34-35 14 C4
Cette pharmacie ouverte en 1752 (on parlait à cette époque d'apothicaire) a conservé son incroyable décor avec boiseries, flacons de porcelaine et des centaines de tiroirs en bois pour conserver des herbes miraculeuses. On se croirait dans un film *Harry Potter* ! Précipitez-vous sur les remèdes de grand-mère et les cosmétiques naturels.

Il Minotauro *(loisirs)*
Via del Pellegrino, 110 • B Corso Vittorio Emanuele - Chiesa Nuova • 06 6476 0243 • lu-ve 10h-14h et 15h-19h, sa 10h-19h
Plan p. 34-35 1 B4
Ce n'est pas la caverne du Minotaure mais bien celle d'Ali

Baba ! Des tas de jouets et d'objets amusants sont réunis dans cette petite boutique consacrée au monde enfantin.

Al Sogno *(loisirs)*

Piazza Navona, 53 • B Corso Vittorio Emanuele • alsogno.com • 06 686 4198 • tlj 10-20h

Plan p. 34-35 6 C3

"Le rêve" : son nom est déjà toute une promesse pour cet incroyable magasin de jouets, sans conteste le plus beau de Rome. Jouets actuels et vintage, accessoires de gladiateurs, poupées, maquettes et surtout un immense rayon de peluches à donner envie de retomber en enfance.

La Città del Sole *(loisirs)* MAMMA MIA

Via della Scrofa, 65 • B Zanardelli • cittadelsole.it • 06 6880 3805 • lu 15h30-19h30, ma-sa 10h-19h30, di 11h-19h30

Plan p. 34-35 8 C3

Vaste choix de poupées, puzzles, gadgets, jeux interactifs dans cette grande surface qui porte le nom de "Cité du Soleil", mais qui devrait plutôt s'appeler "Cité des enfants" ! Commerce équitable et respect de l'environnement sont deux composantes dominantes dans les rayons. Voir aussi Rome antique p. 164 et Vatican p. 165.

Berte *(loisirs)*

Piazza Navona 107-111 • B Corso Vittorio Emanuele • 06 687 5011 • lu-sa 10h-20h30 (fermé lu et je entre 14h et 15h30), di 10h30-20h30

Plan p. 34-35 11 C4

Datant de 1933, cette boutique est une référence pour les Romains quand il s'agit de trouver un jouet classique ou de collection. Cheval à bascule, poupée en porcelaine, peluches, jouets en bois pour les petits, maisons de poupée de collection, petits soldats et petites voitures à vapeur pour les plus grands.

Stilo Fetti *(loisirs)*

Via degli Orfani, 82 • B de Burro • stilofetti.it • 06 7720 5999 • tlj 9h-13h et 15h30-19h30 (fermé di et lu matin)

Plan p. 34-35 17 D4

Boutique de stylos et d'accessoires d'écriture dirigée par la même famille depuis 1893. C'est sans doute la plus vieille boutique du genre en Italie, un passage obligé pour les collectionneurs.

AS Roma Store *(loisirs)*
Piazza Colonna, 360 • B Prefetti •
asromastore.it • 06 6992 4643 •
tlj 10h-19h30 (di 11h)
Plan p. 34-35 20 D3
Vous trouverez ici gadgets et vêtements de l'équipe de foot de l'AS Roma. Si vous avez un chien, il sera content de recevoir aussi son article aux couleurs de la Roma.

Disney Store *(loisirs)*
Via del Corso, 165 • B Spagna •
06 6992 4891 • tlj 10h-20h30
Plan p. 34-35 26 D2
Que diriez-vous d'un Dingo en empereur ou d'un Mickey en toge romaine ? Toute la production Disney vous attend, en version plus classique également. Attention, Mickey ici s'appelle… Topolino !

Fante Cavallo e Re *(loisirs)*
Via delle Carozze, 6 • M Spagna •
06 699 1056 • lu-sa 10h-13h
et 15h30-18h
Plan p. 34-35 32 D2
Cachée dans une ruelle près de la Piazza di Spagna, cette petite boutique propose des jouets modernes, mais aussi une collection de figurines pour jouer aux cow-boys et aux Indiens, ainsi que du mobilier pour maison de poupée.

Il Pesciolino Rosso *(loisirs)*
Via Bocca di Leone, 49 • M Spagna •
Ilpesciolinorosso.eu • 06 6992 2059 •
lu-sa 10h30-14h30 et 15h30-19h30,
di 11h-19h30
Plan p. 34-35 39 D2
En pénétrant dans cette boutique, vous retomberez en enfance dans un monde enchanté conçu comme une chambre d'enfant et redécouvrirez les joies de la créativité et du partage. Jouets pour tous les âges.

La Librairie française de Rome *(librairie)*
Piazza San Luigi dei Francesi
B Rinascimento
www.librairiefrancaiserome.com
06 6830 7598 • lu-sa 9h30-19h30
Plan p. 34-35 9 C3
Vous l'aviez deviné, cette librairie propose des livres en langue française. Grand choix pour adultes et enfants.

Ai Monasteri *(cadeaux)*
Corso Rinascimento, 72 • B Corso
Vittorio Emanuele • aimonasteri.it •
06 6880 2783 • lu-sa 10h-13h et
15h-19h30 (fermé je apr-midi)
Plan p. 34-35 7 C3
Ce magasin au cadre monacal avec ses boiseries sombres vend des produits exclusivement fabriqués par des moines italiens. Liqueurs, miel,

eau de Cologne, chocolats. On trouve même un philtre d'amour, *Elixir dell'amore*, qui fait, paraît-il, fureur au Japon !

Le Artigiane *(cadeaux)*
Via di Torre Argentina, 72 • B Santa Chiara • leartigiane.it • 06 6830 9347 • tlj 10h-19h30
Plan p. 34-35 15 C4
Vêtements, bijoux, sacs, objets design. Tout est fait par des artisans ou des petites entreprises. Vous ne trouverez ici que des modèles originaux, de la tasse en céramique à la photo d'art, en passant par le chapeau et la petite jupe d'été.

Antica Cartotecnica *(cadeaux)*
Piazza dei Caprettari, 61 •
B Rinascimento • anticacartotecnica.it
06 687 5671 • lu-sa 10h-13h30 et 15h30-19h30 (fermé lu matin)
Plan p. 34-35 16 C4
Fondée en 1930, cette étonnante boutique au décor rétro présente un grand choix de crayons et stylos de collection, des carnets de toutes tailles faits de papier recyclé. On y trouve même des machines à écrire des années 1940, histoire de montrer aux enfants l'ancêtre des ordinateurs !

Vertecchi *(cadeaux)*
M Spagna • 06 332 2821
lu-sa 10h-19h30, di 11h-14h et 15h-19h
◎ Via della Croce, 70
Plan p. 34-35 37 D2
◎ Vicolo del Lupo, 10
Plan p. 34-35 38 D2
Envie de donner un peu de soleil à vos documents ? Craquez pour les jolis cahiers décorés de paysages italiens. Un classeur, avec une Vespa au milieu de la campagne romaine, rendra peut-être les cours de maths (ou les factures des parents) moins douloureux, non ?

Castroni *(alimentation)*
castroni.it
◎ Via Fratina, 79 • M Spagna • 06 6992 1903 • lu-sa 9h30-20h, di 10h30-20h
Plan p. 34-35 28 D2
◎ Via Nazionale, 71
M B Nazionale-Palazzo Esposizioni
06 2036 9680 • lu-sa 8h-20h
Plan p. 34-35 49 G3
Dans cette grande épicerie, qui possède pas moins de dix adresses à Rome, vous trouverez une grande sélection de spécialités italiennes, mais aussi des ingrédients exotiques venus des quatre coins du globe. Idéal pour faire un petit cadeau gourmand. Voir aussi Vatican p. 166.

F.lli Fabbi *(alimentation)*
Via della Croce, 27-28 • M Spagna • fabbi.it • 06 6790612 • tlj 8h-20h
Plan p. 34-35 36 D2
Dans cette épicerie typiquement romaine, vous trouverez des pâtes, de l'huile d'olive, du vinaigre balsamique, du parmesan, plein de bonnes choses à ramener dans vos bagages ou de quoi vous faire un savoureux sandwich à consommer tout de suite.

Perugina Chocostore
(alimentation)
Via del Corso, 29 • M Spagna • chocostore.it • 06 323 2512 • tlj 10h-20h
Plan p. 34-35 42 D1
Dans cette boutique de la célèbre marque italienne Perugina, vous trouverez les célèbres *baci*, ces chocolats au cœur moelleux de gianduja et noisettes qui délivrent des messages d'amour dans de nombreuses langues.

La Rinascente
(grand magasin)
Galleria Alberto Sordi • B Prefetti • www.rinascente.it • 06 678 4209 • tlj 10h-22h
Plan p. 34-35 22 D3
Une chaîne de grands magasins haut de gamme, spécialisés dans la mode pour toute la famille et dans l'équipement de la maison. Voir aussi Borghese p. 169.

Galleria Alberto Sordi
(galerie marchande)
Piazza Colonna • B Prefetti • galleriaalbertosordi.it • tlj 10h-20h (sa 20h30)
Plan p. 34-35 21 D3
Cette galerie marchande de 1500 m² vaut le détour, ne serait-ce que pour admirer son décor Art nouveau et sa magnifique verrière. Elle abrite des enseignes de luxe ainsi que des marques plus abordables (Zara, Massimo Dutti...) et le grand magasin La Rinascente (voir ci-dessus).

ROME ANTIQUE

Dans ce quartier de Rome, beaucoup de commerces sont regroupés sur la Via Appia Nuova ou la Via Nazionale. Les magasins d'habillement et d'accessoires ainsi que plusieurs marchés y sont assez nombreux pour satisfaire vos envies.

Leam *(mode)*
Via Appia Nuova, 26 • M San Giovanni • 06 7720 7204 • lu 16h-20h, ma-sa 10h-13h30 et 15h30-20h
Plan p. 48-49 17 H5
On trouve ici de grandes griffes italiennes, et en version bouts de chou au 33-37 de la même rue, chez Baby Leam (06 7720 9564).

La Zucca Stregata
(mode, loisirs)
Via Arenula, 34 • T Arenula • zuccastregata.com • 06 6839 5043 • lu-sa 10h-20h
Plan p. 48-49 4 A3
Autre adresse de cette chaîne de mode enfantine. Voir aussi Centre historique p. 156.

Il Milk Bar *(mode, loisirs)*
Via San Martino ai Monti, 34 • B Santa Maria Maggiore • themilkbar.it • 06 9727 6418 • lu-sa 10h-18h30 (me 12h-20h)
Plan p. 48-49 12 E3
Non, ce n'est pas un bar, mais un petit coin de paradis pour mamans ou futures mamans qui trouveront, en plus d'un large choix d'accessoires, un accueil chaleureux et de précieux conseils offerts par Kiki, créatrice de cette boutique.

Leone Limentani *(décoration)*
Via Portico d'Ottavia, 47 • B Piazza Venezia • limentani.com • 06 6880 6949 • lu-ve 9h-13h et 16h-20h, sa 10h-20h
Plan p. 48-49 3 A3
Grand magasin spécialisé dans la décoration haut de gamme de la maison et de la table. Versace, Ralph Lauren, Hermès pour n'en citer que quelques-uns.

Tiger *(décoration)*
tiger-stores.it
Piazza Benedetto Cairoli 7-8 • T Argentina • 06 6880 9418
Plan p. 48-49 5 A3
Corso Vittorio Emanuele II, 52 • T Argentina • 06 6821 0661 • tlj 9h30-20h30
Plan p. 48-49 6 A3
Envie de design scandinave à petits prix ? Cette boutique danoise présente dans dix-huit pays (mais pas encore en France !) renferme une grande variété de gadgets et accessoires pour la maison, le bureau, le jardin, sans oublier des jouets très amusants pour les plus petits.

DOM *(décoration)*
Via Aracoeli, 6 • B T Argentina • domrome.com • 06 679 7878 • tlj 10h30-19h30, di 11h-19h30
Plan p. 48-49 8 B3
1300 m² de design et d'ameublement pour dénicher des cadeaux originaux et à bons prix, sans oublier les grandes marques italiennes comme Alessi, Bitossi ou encore Guzzini.

L'Armadio di Oliver
(dépôt-vente)
Via degli Zingari, 54 • M Cavour • armadiodioliver.com • 06 3105 8686 • ma-sa 11h-19h
Plan p. 48-49 11 D3
Voici un dépôt-vente qui propose des vêtements chics d'occasion pour les enfants (0-10 ans), principalement de marques françaises et hollandaises. Les vêtements sont présentés comme neufs dans cette boutique aménagée avec d'anciens meubles d'enfants. Petit espace de jeux pour occuper les *bambini*.

Little Big Town *(loisirs)*
Via Cesare Battistiti, 120 • B Piazza Venezia • littlebigtown.it • 06 6992 4226 • tlj 10h-20h
Plan p. 48-49 9 B2
Paradis pour enfants (sur quatre étages) qui propose des jouets et des jeux pour tous les âges ainsi

qu'un grand choix de peluches. Le must, customiser une peluche avec ses vêtements et accessoires ! Et pour les *bambini* bien sages : on trouve même un rayon confiserie.

La Città del Sole *(loisirs)* MAMMA MIA
Via Buonarroti, 4 • M Vittorio Emanuele • cittadelsole.it • 06 4893 0292 • lu 15h30-19h30, ma-sa 10h-19h30 (été : ma-sa 10h-14h et 15h-19h30)
Plan p. 48-49 15 F3
Autre enseigne de cette chaîne de jouets. Voir aussi Centre historique p. 159 et Vatican p. 165.

Fox Gallery *(cadeaux)*
Corso Vittorio Emanuele II, 5 • B T Corso Vittorio Emanuele • 06 6992 0768 • tlj 10h30-20h
Plan p. 48-49 7 A3
Vous avez longtemps hésité à acheter ce souvenir dans l'un des musées visités. Eh bien, avec un peu de chance, vous devriez le retrouver dans cette boutique qui consacre ses 2 étages aux souvenirs de Rome en tout genre (posters, cartes postales, livres, objets...).

La Bottega del Cioccolato
(alimentation) MAMMA MIA
Via Leonina, 82 • M Cavour • labottegadelcioccolato.it • 06 4821473 • lu-sa 9h30-19h30
Plan p. 48-49 10 C3
Les amateurs de chocolat vont trouver, chez ce maître chocolatier, de quoi combler toutes leurs envies. Au choix, plus d'une cinquantaine de variétés et de parfums, mais également des monuments en version chocolat. Que diriez-vous de croquer le Colisée ?

Enoteca Trimani *(alimentation)*
Via Cernaia, 37/B • T Termini • 06 4469630 • trimani.com • lu-sa 11h30-15h et 17h30-0h30
Plan p. 48-49 13 F1
L'enoteca Trimani reste le rendez-vous incontournable de tous les passionnés de vin, avec plus de 5 500 crus d'origine italienne et étrangère : vins pétillants, franciacorta (provenant de Lombardie), champagnes...

Coin *(grand magasin)*
Piazzale Appio, 7 • M San Giovanni • coin.it • 06 7080020 • tlj 10h30-20h30
Plan p. 48-49 16 G5
Cette chaîne de grands magasins, très populaire en Italie, est plus abordable que La Rinascente. Mode, cosmétique, maison... Il y a de quoi satisfaire toute la famille dans ce bel immeuble à l'architecture contemporaine et très lumineuse.

Snack-bar au 4e étage. Voir aussi Vatican p. 166 et Borghese p. 169.

VATICAN

Bien sûr, en vous rapprochant du Vatican, vous croiserez de nombreux commerces d'articles religieux. Mais on trouve aussi de nombreuses tentations pour succomber aux péchés de gourmandise ou du shopping, avec notamment les boutiques de mode de la Via Cola di Rienzo et Via Ottaviano.

La Maison des kids *(mode)*

Via Germanico, 154 • M Ottaviano-San Pietro • lamaisondeskids.wix.com • 06 3211371 • lu 15h30-19h30, ma-sa 9h30-19h30
Plan p. 68 5 D2

Située près de la rue commerçante Cola di Rienzo, cette petite boutique de vêtements propose une sélection de marques très tendance pour les enfants de 0 à 16 ans.

Canetta *(mode, déco)*

Via Cola di Rienzo, 144 • M Lepanto • manidifata.it • 06 689 2494 • lu-sa 10h-14h et 15h30-19h30 (fermé lu matin)
Plan p. 68 11 E2

Dans cette boutique spécialisée dans les articles faits main, vous trouverez un grand choix de vêtements pour femmes et enfants assez classiques ainsi que des serviettes et du linge de maison, brodés avec soin.

Peroni *(décoration)*

Piazza dell'Unità, 29 • M Ottaviano-San Pietro, Lepanto, T Risorgimento-San Pietro • peronisnc.it • 06 323 0488 • lu 15h30-19h30, ma-sa 10h-19h30
Plan p. 68 7 D2

Voici deux magasins situés côte à côte qui fournissent tout ce dont on peut avoir besoin dans une cuisine, pour les amateurs et les professionnels. Il y a tant de choix que, très rapidement, vous ne saurez plus où donner de la tête !

Sabon *(beauté)*

Via Cola di Rienzo, 241 • M Ottaviano-San Pietro, Lepanto • sabon.co.jp • 06 320 8653 • tlj 10h-20h
Plan p. 68 8 D2

Laissez-vous envoûter par les délicieuses odeurs de savons, les produits pour le corps et les senteurs pour la maison de cette petite parfumerie qui propose des produits 100 % naturels.

La Città del Sole *(loisirs)*

MAMMA MIA

Via Marcantonio Colonna, 5 • M Lepanto • 06 321 6507 • cittadelsole.it • lu 15h30-19h30, ma-sa 10h-14h, 15h-19h30
Plan p. 68 12 E2

Autre adresse de cette chaîne de jouets. Voir aussi Centre historique p. 159 et Rome antique p. 164.

Pottami Cu'ttia
(alimentation, cadeaux)
Via Emilio Faà di Bruno, 12 •
Ⓜ Ottaviano - San Pietro • 06 37511998 •
pottamicuttia.com • lu-sa 10h-14h30
et 15h30-23h30
Plan p. 68 ① C1
Cette boutique d'artisanat sicilien propose de la céramique peinte à la main, des marionnettes typiques et des produits gastronomiques locaux (pâtisseries à savourer sur l'instant) pour les gourmands en culottes courtes… et les autres !

Fascino Napoletano Dolce Idea *(alimentation)*
Via Tolemaide, 14 •
Ⓜ Ottaviano - San Pietro, Lepanto •
fascinonapoletano.it • 06 8892 2774 •
tlj 10h-14h et 16h-20h
Plan p. 68 ③ C2
Les chocolats sont faits maison, sous la direction du maître chocolatier Gennaro Bottone. On trouve aussi une librairie et un salon de dégustation. Idéal pour une pause gourmande. Voir aussi Trastevere p. 168.

Castroni *(alimentation)*
MAMMA MIA
castroni.it
◎ Via Ottaviano, 55 •
Ⓜ Ottaviano - San Pietro •
06 397 23279 • tlj 8h-20h (di 11h30)
Plan p. 68 ④ C2
◎ Via Cola di Rienzo, 196 • Ⓜ Lepanto •
06 687 4383 • lu-sa 8h-20h
Plan p. 68 ⑨ D2
Depuis 1932, Castroni fait le bonheur des gourmands. Choix impressionnant de produits italiens et d'ailleurs. Ils ont également un comptoir de restauration rapide à Via Cola di Rienzo si vous souhaitez siroter un des meilleurs cafés de la capitale ou acheter des *tramezzini* à savourer dans le parc du château Saint-Ange (p. 70). Voir aussi Centre historique p. 161.

Coin Excelsior
(grand magasin)
Via Cola di Rienzo, 173 •
Ⓜ Ottaviano - San Pietro, Lepanto •
06 360 4298 • coin.it • tlj 10h-20h
Plan p. 68 ⑩ E2
Une antenne du grand magasin Coin dans le quartier du Vatican, parfait au cas où vous auriez oublié quelque chose ou si vous êtes pris d'une envie frénétique de shopping. Rendez-vous au sous-sol au petit supermarché où vous trouverez de quoi faire un bon pique-nique gourmet. Voir aussi Rome antique p. 164 et Borghese p. 169.

Soprani *(articles religieux)*
MAMMA MIA
Via Mascherino, 29 •
Ⓜ Ottaviano - San Pietro •
sopraniarticolireligiosi.com •
06 687 6504 • tlj 9h30-13h30
et 14h30-18h30
Plan p. 68 ⑥ D3
Incontournable du quartier du Vatican, Soprani est le plus grand magasin d'objets religieux de Rome.

TRASTEVERE

Avec ses ruelles étroites et colorées, c'est le quartier bobo de Rome. On y trouve surtout des boutiques à influence vintage ou écolo et des commerces d'alimentation.

OVS Industry *(mode)*
Viale di Trastevere, 62-64 • T Induni - Trastevere - Mastai • oviesse.com • 06 5833 3633 • lu 16h-20h, ma-sa 9h-20h
Plan p. 74 ① E2
Autre antenne de cette chaîne de magasins de mode et accessoires pour la famille. Voir aussi Centre historique p. 156, Borghese p. 168.

Natinudi *(mode)*
Piazza di San Cosimato, 65 • T Trastevere - Mastai • natinudi.it • 06 5834 0014 • lu-sa 10h-13h30 et 16h-20h
Plan p. 74 ③ E2
"Nés nus" ! Un nom bien trouvé pour désigner une boutique consacrée à l'habillement des bébés et des enfants jusqu'à 12 ans. Collections colorées et ludiques à prix très abordables.

Bimbiribim *(mode)*
Via della Pelliccia, 45B • T Belli • 06 588 0635 • lu-sa 10h-14h et 17-22h
Plan p. 74 ④ E1
Cette boutique au cadre original avec sa fontaine à l'entrée et son sol en pavé typique du Trastevere, habille les petits jusqu'à 12 ans. On y trouve des collections de Brums et les chaussures Desigual et Bensimon. Petit espace de jeux pour occuper les *bambini*.

Bartolucci *(déco, loisirs)*
Via della Scala, 71 • T Trastevere - Mastai • bartolucci.com • 06 5895239 • tlj 12h-0h
Plan p. 74 ⑤ E1
Seconde enseigne de cet artisan de jouets en bois. Retrouvez votre âme d'enfant en entrant dans cette boutique où vous trouverez porte-photos, tirelires et jouets en bois. Sans oublier les célèbres Pinocchio qui ont fait la renommée de l'établissement. Voir aussi Centre historique p. 157.

Cereria di Giorgio *(cadeaux)*
Via San Francesco di Sales, 85 • T Arenula • cereriadigiorgio.it • 06 6880 6060 • lu-sa 10h-13h30 et 15h30-19h30
Plan p. 74 ⑥ E1
Depuis 1908, ce fabricant de bougies artisanales de grande qualité offre un choix infini de formes et de senteurs.

Leur plus fidèle client est le Vatican. C'est tout dire de la qualité de leurs produits. Et si vous ne trouvez pas ce qu'il vous faut, vous pourrez aussi acheter un kit pour fabriquer vous-mêmes vos bougies.

Dolce Idea *(alimentation)*
Via Francesco a Ripa, 27 • T Trastevere - Mastai • dolceidea.com • 06 5833 4043 • lu 15h30-19h30, ma-sa 9h30-19h30
Plan p. 74 2 E2
Cette boutique est la deuxième adresse du maître chocolatier napolitain, Gennaro Bottone. Son autre boutique est installée près du Vatican, peut-être pour pouvoir se faire pardonner plus vite son péché de gourmandise (p. 166) !

BORGHESE

Les alentours de la villa Borghese sont surtout occupés par des bureaux. Néanmoins, les quartiers résidentiels de Coppedè, Trieste et Nomentana possèdent quelques rues commerçantes comme la Via Libia, la Viale Eritrea, la Piazza Fiume ou le Corso Trieste, où l'on trouve de nombreuses boutiques de chaînes.

Messi My *(mode)*
Via Salaria, 93 • T Po-Simeto • 06 8424 1541 • lu-sa 10h-13h et 15h-19h30, ma-ve 10h-19h30
Plan p. 80-81 2 E4
Un grand choix de vêtements pour enfants de diverses marques internationales, telles que Converse, Gap, Diesel.

OVS Industry *(mode)*
Corso Trieste, 200-226 • M Sant'Agnese - Annibalinao • oviesse.com • 06 8639 9077 • lu 16h-20h, ma-sa 9h-20h
Plan p. 80-81 7 G2
Autre antenne de cette chaîne de magasins de mode et accessoires pour toute la famille. Voir aussi Centre historique p. 156, Trastevere p. 167.

Brums *(mode)*
Viale Eritrea, 114-116 • M Sant'Agnese - Annibaliano • brums.com • 06 8639 0114 • lu-sa 10h-13h et 16h-20h
Plan p. 80-81 9 G2
Cette chaîne de magasins, leader en Italie de la mode enfantine avec plus de 200 boutiques dans tout le pays, habille du bébé à l'ado en proposant de très jolies collections à des prix raisonnables.

Il Posto delle Fragole
(mode, loisirs)
Via Lago di Lesina, 41/43 • B Eritrea - Lago Lesina • ilpostodellefragoleshop.com • 06 6481 1273 • lu 16h30-20h, ma-sa 10h-13h30, 16h30-20h
Plan p. 80-81 8 G2
Ce magasin est spécialisé dans les articles bio, naturels et écologiques.

Vous y trouverez des jeux en bois, des couches lavables, des vêtements pour enfants en tissu bio-organique…

Bambidiba *(mode, loisirs)*
Via Padova, 11 • M Bologna •
bambidiba.com • 06 8902 4199 •
lu-sa 9h-13h et 15h45-19h30
Plan p. 80-81 10 H4
Petite boutique colorée où piocher des vêtements fantaisie et colorés (0-10 ans), des jeux éducatifs et des accessoires pour les enfants.

Binnichi *(concept store)* MAMMA MIA
Via Chiana, 66 • B Tagliamento - Chiana • binnichi.it • 06 8535 3972 •
lu 16h-19h30, ma-sa 10h-13h et 16h-19h30
Plan p. 80-81 6 F3
Conçue par une maman architecte, la boutique est dédiée aux tout-petits. Les jouets et les objets design enchanteront les enfants comme les parents.

Il Salice *(alimentation)*
Via Reggio Emilia, 61A • B Porta Pia •
negozicuorebio.it • 06 8530 5174 •
lu-sa 9h30-19h30
Plan p. 80-81 3 F4
Cette boutique appartient à une chaîne de magasins d'alimentaire bio : la Cuorebio. Même style que la chaîne Naturalia en France.

La Contadina *(alimentation)*
Viale Regina Margherita, 80 •
T Buenos Aires • www.contadina.it •
06 8555 5008 • lu-sa 9h-14h et 16h-20h
Plan p. 80-81 4 E3
Si vous souhaitez acheter du fromage, arrêtez-vous dans cette fromagerie artisanale dont la spécialité est la *mozzarella di bufala*, moelleuse et goûteuse. Rien à voir avec la mozzarella industrielle que l'on trouve habituellement en grande surface.

La Rinascente MAMMA MIA
(grand magasin)
Piazza Fiume • B Fiume •
rinascente.it • 06 8844 1231 •
lu-sa 9h30-21h30, di 10-21h
Plan p. 80-81 1 E4
Deuxième adresse romaine de ce grand magasin haut de gamme. Voir aussi Centre historique p. 162.

Coin *(grand magasin)*
Viale Regina Margherita, 24-26 •
T Buenos Aires • coin.it •
06 8885 7899 • tlj 10h-20h
(di en août 11h-19h)
Plan p. 80-81 5 E3
Autre magasin de cette chaîne de grands magasins où l'on trouve de tout et pour toute la famille. *Food market* au 6e étage. Voir aussi Rome antique p. 164 et Vatican p. 166.

LES CENTRES COMMERCIAUX

Addicts du shopping, voici une sélection de centres commerciaux situés dans la périphérie de Rome. De quoi satisfaire toutes vos envies et même faire de belles affaires pour toute la famille.

EURoma2

Viale Oceano Pacifico, 83 • M EUR - Fermi, puis B Colombo - Pacifico • euroma2.it • 06 526 2161 • lu 12h-22h, ma-sa 10h-21h

Ce centre commercial est l'un des plus grands et des plus glamour de la capitale. Nombreux restaurants sur place.

Galleria Porta di Roma

Via Alberto Lionello, 201 • B Termini, Basegio-Centro Commerciale Porta di Roma (en train env. 45 min depuis Termini) • galleriaportadiroma.it • 06 870 7966 • tlj 10h-22h (sa-di 9h)

Avec ses 220 magasins, c'est le plus grand centre commercial de Rome. On y trouve surtout des boutiques de chaînes.

Voice Fashion Outlet

Via Alessandro Stoppato, 103-107 • M Anagnina, puis B Garofalo-Stoppato (en train env. 45 min depuis Termini) • voicefashion.it • 06 723 4266 • tlj 9h-20h30

Cet *outlet* est situé dans le quartier d'Anagnina. On y trouve des marques de luxe (Dolce & Gabbana, Burberry, Gucci et bien d'autres) à prix réduits.

Fashion Outlet Valmontone

Via della Pace, Valmontone • Navette au départ de Termini ma, je, sa et di départ à 10h30, retour à 17h30 (en train env. 1h) • fashiondistrict.it/it/valmontone • tlj 10h-21h

Cent soixante-dix boutiques vous attendent dans cet *outlet* aux allures de village, situé à côté du Rainbow Magicland (p. 101). Il permet aux mamans shoppeuses de faire leurs achats en laissant les enfants au parc avec papa ou de promettre à leur progéniture une virée sur les manèges s'ils ont été sages !

LES MARCHÉS

Appelés ici *mercati*, les marchés sont très nombreux à Rome et assurent un spectacle pour les papilles, les mirettes et les oreilles. Ils sont très animés et colorés et les enfants vont adorer se balader au milieu des étals. Voici nos préférés !

Campo de' Fiori

B Baullari • lu-sa 7h-14h

Plan p. 34-35 12 B4

Certainement l'un des marchés les plus connus de Rome, mais aussi l'un des plus touristiques. Sur une petite place, fleuristes, primeurs ou fromagers exposent leurs produits sur des étals qui rivalisent de senteurs et de saveurs. On y trouve aussi quelques vêtements.

Testaccio
Piazza di Testaccio • T Marmorata Galvani • lu-sa 6h-14h
Plan p. 48-49 1 B5
Ce marché pittoresque du Trastevere est très fréquenté par les habitants de ce quartier populaire à la recherche de produits frais (fruits, légumes, poissons, fromages...), mais également par les Romaines en quête de bonnes affaires attirées par les stands de chaussures démarquées. Il faut venir cependant de bonne heure pour trouver sa taille.

Mercato di Campagna Amica del Circo Massimo
Via San Teodoro, 74 • B Bocca della Verità • sa 9h-18h, di 9h-16h
Plan p. 48-49 2 B4
Coup de cœur pour ce marché de campagne où fruits, légumes et fromages sont vendus par des producteurs locaux. Très fréquenté par les Romains.

Esquilino
Entrée par la Via Principe Amedeo • M Vittorio Emanuele • lu-ve 5h-17h pour l'alimentaire, 8h30-19h pour les autres commerces
Plan p. 48-49 14 G3
Ce marché couvert, situé dans un quartier multiethnique à dominante asiatique, propose de nombreux produits italiens et exotiques, parfois introuvables ailleurs.

Mercato Trionfale
Via Andrea Doria, 3 • M Ottaviano - San Pietro • 06 3974 3501 • lu-sa 7h-14h
Plan p. 68 2 B2
Situé à côté du Vatican, ce marché couvert est très certainement le plus ancien marché de quartier de Rome. Avec plus de 273 stands, vous trouverez tout ce qu'il vous faut pour un déjeuner italien avec un *panini con la porchetta,* une boule de mozzarella et des fruits frais de saison en dessert !

Eataly
Piazzale XII Ottobre 1492 • M Piramide, puis passage sous-terrain jusqu'à Stazione Ostiense - Air Termina • tlj 10h-0h
Entre le supermarché et le marché couvert, Eataly célèbre sur trois étages la gastronomie italienne, en proposant des produits typiques et de qualité. Dégustez sur place quelques spécialités locales, telles que les *fritti,* dans l'un des nombreux restaurants ou stands de dégustation.

Où est-ce qu'on dort ?

Autant le savoir tout de suite, l'offre hôtelière à Rome se traduit par une qualité assez décevante par rapport aux tarifs élevés pratiqués. Les attributions d'étoiles étant surévaluées, il faut enlever (au moins) une étoile à ce qu'affiche l'hôtelier. Si beaucoup d'établissements proposent des hébergements adaptés aux familles, d'autres n'offrent que des chambres doubles, mais leur situation, leurs prestations ou leurs tarifs pallient cette absence de chambre familiale.
Sachez aussi que bon nombre d'établissements ne mettent pas en ligne toutes leurs possibilités pour loger les familles. Le mieux est souvent de prendre contact directement avec eux afin qu'ils vous proposent la solution la plus adaptée à votre budget et à votre composition familiale. Certains établissements ont aménagé leur toit en terrasse panoramique. Ne manquez pas d'y grimper, de jour comme de nuit, pour tenter de vous rassasier de la vue sur la Ville Éternelle.
Nos adresses préférées sont signalées par ce picto

HÔTELS ET APPARTS-HÔTELS

Les tarifs varient en fonction du taux d'occupation, de la saison et de la date de réservation. Pour vous permettre de vous repérer facilement, nous avons classé les établissements par gamme de prix, sur la base d'un hébergement pour 2 adultes et 2 enfants, réservé 2 mois à l'avance en basse saison. Attention, les prix augmentent considérablement en haute saison (de 30 à 40 %). Nous avons sélectionné de préférence des hôtels avec des chambres familiales, mais, dans certains cas, il vous faudra prendre 2 chambres. Nous avons indiqué (2) pour signaler que le budget est basé sur 2 chambres.

€ ou € (2) = moins de 130 €
€€ ou €€ (2) = entre 131 € et 200 €
€€€ ou €€€ (2) = entre 201 € et 300 €
€€€€ ou €€€€ (2) = plus de 300 €

LOCATIONS D'APPARTEMENTS

Une alternative intéressante est la location d'appartements de courte durée. Des sites proposent leurs services pour mettre en relation des particuliers en toute sécurité. En voici quelques-uns : airbnb.fr, friendlyrentals.com, homelidays.com, interhome.com ou waytostay.com

Voici 4 symboles pour vous permettre de repérer facilement les petits plus de nos hôtels.

W Wi-fi gratuit dans les chambres
R Restaurant sur place
K Kitchenette et/ou four à micro-ondes
P Piscine

CENTRE HISTORIQUE

Que de sites touristiques sont concentrés dans cette partie de Rome : Piazza Navona, fontaine de Trevi, Piazza di Spagna, Campo de' Fiori... L'offre hôtelière se résume ici à des hôtels de luxe ou des hôtels plutôt petits et vieillots à des prix supérieurs à la qualité réelle des prestations. De plus, ce quartier très touristique est animé et bruyant... même la nuit ! Nous vous avons tout de même déniché quelques adresses charmantes à un prix intéressant.

Palazzo Olivia

Via dei Leutari, 15 • T Argentina (3 min) • palazzo-olivia.it • 06 68216986
€€ • 7 appart.
W K Plan p. 34-35 3 B4
À quelques minutes de la Piazza Navona et du Campo de' Fiori, ce bâtiment du XVIIe siècle abrite une résidence composée d'appartements au style épuré et élégant. Chacun d'entre eux est équipé d'une kitchenette et porte le nom d'un personnage du *Barbier de Séville*. C'est un clin d'œil à Rossini, qui a composé son célèbre opéra dans l'édifice situé juste en face. Les appartements pour 3 à 4 personnes se nomment Basilio, Rosina, Fiorello et Berta (notre coup de cœur) et se composent d'une chambre avec lit double et d'un salon avec canapé-lit. Si vous êtes plus nombreux, optez pour les appartements Figaro, Almaviva ou Bartolo pourvus de 2 chambres (avec lits doubles et canapé-lit) et 2 salles de bains.

Hotel Modigliani

Via delle Purificazione, 42 • M Spagna (6 min) • hotelmodigliani.com • 06 42815226
€€ • 23 ch. et 2 appart.
W Plan p. 34-35 6 F2
Proche de la Piazza di Spagna, ce petit hôtel doté d'un jardin intérieur vous accueille dans une ambiance chaleureuse. Il dispose de chambres et d'appartements (disons plutôt, des suites, car pas de kitchenette) pour 4 ou 6 personnes.

Côté chambre familiale, vous avez le choix entre les *Standard quadruple rooms* (16 m²), dotées d'un lit double et de 2 lits individuels ou de 4 lits individuels, et les *Superior quadruple rooms* (20 m²), situées au dernier étage avec balcon et pourvues d'un lit double et de 2 lits individuels. Côté appartement, notre préféré est le *Garden apartment* (4 à 6 personnes) situé dans le jardin intérieur avec 2 chambres (un lit double et 4 individuels) et 2 salles de bains. L'*Independent apartment* (équipé de 2 chambres pour 4 personnes) se trouve au 1er étage dans un bâtiment en face de l'hôtel.

Hotel La Residenza

Via Emilia, 22-24 • M Spagna (5 min) • hotel-la-residenza.com • 06 488 0789
€€ • 29 ch.
Plan p. 34-35 7 F2

Cet hôtel offre des tarifs raisonnables, au vu des prestations offertes, avec le petit déjeuner inclus. Il bénéficie d'une excellente situation, proche de la fontaine de Trevi et de la Piazza di Spagna. Sa belle façade rose ponctuée de brun et de blanc, son entrée soignée avec un tapis rouge encadré de plantes, son joli jardin avec terrasse en font un endroit agréable à vivre. Plusieurs possibilités pour les familles : des *Junior suites* avec 2 lits simples et un canapé-lit ou 2 fauteuils-lits, des triples avec 2 ou 3 lits ou encore la combinaison de 2 chambres *Classic*. Pour réserver une *Junior suite* pour 4 personnes, il faut prendre contact avec l'hôtel par téléphone ou e-mail, car cette catégorie n'est pas réservable sur leur site Web.

Hotel Campo de' Fiori

Via del Biscione, 6 • T Argentina (5 min) • hotelcampodefiori.com • 06 6880 6865
€€ • 23 ch. et 11 appart.
W K Plan p. 34-35 1 C5

Situé dans le quartier animé (et assez bruyant) du Campo de' Fiori, cet hôtel se compose d'un bâtiment principal avec une jolie façade couverte de lierre. La décoration stylée et classique plaira aux amateurs d'antiquités. L'hôtel ne disposant que de doubles, vous devrez prendre 2 chambres pour loger votre tribu. Si vous ne voulez pas vous séparer de vos *bambini*, des appartements fonctionnels pour 4 personnes sont aussi proposés. Dispersés aux 2e et 4e étages (sans ascenseur) dans des bâtiments environnants, ils se composent d'une chambre (avec lit double), d'un salon (avec canapé-lit), d'une salle de bains et d'une cuisine équipée. Vous aurez accès aux services du bâtiment principal : le salon, la bibliothèque où est servi le petit déjeuner et la terrasse offrant un panorama inoubliable sur les toits de la ville.

Hotel Regno

Via Del Corso, 330 • T Piazza Venezia (6 min) • hotelregno.com
€€€ • 70 ch
W Plan p. 34-35 4 E3
Situé dans l'une des rues commerçantes les plus populaires de Rome, l'hôtel Regno est à mi-chemin entre la fontaine de Trévi et le Panthéon, à 5 min de marche de chaque. Il est installé dans un élégant bâtiment du XVIe siècle à la décoration classique. Les chambres sont climatisées. Certaines bénéficient d'une terrasse privée. Pour les familles, l'hôtel dispose de chambres triples (un lit double et un lit individuel ou 3 lits individuels) et quadruples (un lit double et 2 lits individuels ou 4 lits individuels). Les *Superior family rooms* possèdent 2 chambres séparées.

Trevi Palace

Via del Lavatore, 30 • B Tritone-Fontana di Trevi (3 min) • trevipalace.com • 06 690 101
€€€€ • 32 ch.
W K Plan p. 34-35 5 E3
À 50 m de la fontaine de Trevi, s'élève une demeure du XVIIIe siècle récemment rénovée. Ambiance moderne et élégante, plafonds mansardés avec caissons ou poutres en bois se marient avec un design et un mobilier contemporains. Pour les familles jusqu'à 4 personnes : *Junior suites superior* (23 m^2) ou *suites* (45 m^2), toutes pourvues de lits doubles, d'un canapé-lit et d'une kitchenette équipée. Petit bonus très appréciable pour les parents : un spa avec hammam, sauna et fitness. Tout ce qu'il faut pour se détendre après une longue journée de visites.

Internazionale Domus

Piazza di Spagna, 20 • M Spagna (3 min) • www.internazionaledomus.com • 06 6919 0237
€€€€ • 10 suites et 4 appart.
W Plan p. 34-35 8 E2
Voir de sa fenêtre les escaliers de la Piazza di Spagna, c'est un rêve que réalise pour vous l'Internazionale Domus. Situé dans un ancien palais, cet hôtel offre un large choix de suites et d'appartements dans une décoration classique avec un équipement moderne et fonctionnel. Les *Deluxe suites* prévues pour 4 personnes comprennent une chambre avec un lit double avec soit un canapé-lit et un fauteuil-lit soit 2 lits individuels. Quant aux appartements (de 65 à 100 m^2), ils disposent d'une cuisine équipée, d'un salon et d'une ou de 2 chambres qui peuvent accueillir jusqu'à 7 personnes.

Residence di Ripetta

Via di Ripetta, 231 • M Spagna (8 min)
M B Flaminio-Piazza del Popolo (11 min) • ripetta.it • 06 323 1144
€€€€ • 69 suites
R Plan p. 34-35 9 C1

Ce couvent du XVIIe siècle reconverti en résidence a conservé tout son charme grâce à la mise en valeur de son architecture intérieure : arcades, voûtes, hauteur de plafond. La cour intérieure, où se mêle astucieusement fausse et véritable végétation, et le toit-terrasse, offrant une superbe vue sur la ville, sont 2 lieux privilégiés pour prendre un verre ou dîner. L'hôtel a été en partie rénové, mais les anciennes chambres et suites restent confortables. Vous aurez le choix parmi un éventail de catégories : *Junior suite* (33 m^2), *Junior suite royale* (35 à 42 m^2) et *Executive suite* (50 à 65 m^2). Elles sont toutes dotées de kitchenette, mais la location de la vaisselle est payante (comptez 15 € pour le séjour).

Hotel Lunetta

Piazza del Paradiso, 68 •
T Argentina (6 min) •
hotellunetta.com • 06 6839 5056
€€€€ • 30 ch.
W Plan p. 34-35 2 C4

Ce petit hôtel haut de gamme proche de Campo de' Fiori et de la Piazza Navona jouit d'un décor très original. Suite à des travaux de rénovation, les ruines de l'ancien théâtre de Pompée ont été mises au jour. Protégées par des panneaux de verre, elles ont été harmonieusement intégrées à la décoration très contemporaine. Les chambres sont empreintes d'une atmosphère chaleureuse. La *Junior suite* de 30 m^2 peut accueillir 3 personnes avec un grand lit et un canapé-lit (individuel). La *Family suite* (pour 4 personnes) offre une belle surface de 50 m^2. Elle regroupe 2 chambres communicantes avec lits doubles (les enfants devront donc dormir ensemble) et 2 salles de bains. En réservant directement sur le site Web de l'hôtel, vous bénéficiez de l'accès gratuit au spa, un espace de détente de 300 m^2.

ROME ANTIQUE

Colisée, Forum, colonne de Trajan… ces nombreux vestiges archéologiques, témoins de la grandeur passée de Rome, font de ce quartier l'un des plus recherchés. De faubourg pauvre à la mauvaise réputation du temps de César, le quartier Monti est devenu très branché. Anciennes demeures bourgeoises, petits hôtels de charme, établissements modernes, l'offre est très variée dans cette zone touristique.

Hotel Alpi

Via Castelfidardo, 84 •
M Castro Pretorio (5 min) •
hotelalpi.com • 06 444 1235
€ • 48 ch.
W Plan p. 48-49 7 F1

C'est dans un édifice de style Art nouveau que se loge l'hôtel Alpi. Implanté dans un quartier un peu excentré, il est néanmoins assez bien desservi par les transports en commun. La réception et le bar-lounge vous accueillent dans un cadre lumineux et chaleureux. Le toit-terrasse vous réserve un espace agréable pour boire un verre. Notre préférence va aux chambres aux lignes résolument contemporaines plutôt qu'à celles décorées de façon plus classique. Les triples (de 21 à 25 m²) et les familiales (de 24 à 28 m²) accueillent dans le même espace parents et enfants. L'hôtel a pensé aux jeunes voyageurs en mettant à disposition des peluches.

Palazzo al Velabro

Via del Velabro, 16 • B Bocca della Verità (150 m) • velabro.it • 06 679 2758
€€ • 35 appart.
K **Plan p. 48-49 1 B4**

À 2 pas de la Bocca della Verità, cette résidence est abritée dans un édifice du XVIIe siècle à la décoration contemporaine où se croisent des tons de beige, blanc, chocolat et gris. Les appartements sont spacieux (52 à 86 m²), confortables et bien équipés avec salon et kitchenette. Les *Deluxe one bedrooms* sont parfaites pour une famille de 3. Si vous êtes 4, vous avez le choix, selon votre budget, entre une *Family one bedroom* ou, pour une vingtaine d'euros supplémentaires, une *Deluxe two bedroom,* avec 2 chambres, donc plus spacieuse. Cadre cosy et confortable, possibilité de petit déjeuner, fitness, service chaleureux permettent à cette résidence d'afficher un excellent rapport qualité/prix.

Raffaello Hotel

Via Urbana, 3 • M Cavour (8 min) • hotelraffaello.it • 06 488 4342
€€ • 41 ch.
W **Plan p. 48-49 4 E2**

Dans le pittoresque quartier de Monti, à 10 min à pied du Colisée, dans une rue tranquille, se trouve le Raffaello. Certes, la décoration possède un charme un peu désuet, mais les chambres sont spacieuses et propres. L'accueil du personnel est professionnel et chaleureux. Les familles disposent de chambres triples (un lit double et un lit individuel ou 3 lits individuels) et de chambres *Family* (30 m²) avec 2 chambres (un lit double et 2 lits individuels).

Le petit déjeuner inclus propose des produits sans gluten. À disposition 24h/24 : café, jus de fruits, eau minérale, pommes. Les viennoiseries, quant à elles, sont présentées jusqu'à midi.

IQ Hotel

Via Firenze, 8 • M Republica (5 min) • iqhotelroma.it • 06 488 0465
€€ • 88 ch.
W R K Plan p. 48-49 5 E2

Derrière une façade bleu acier se cache le IQ Hotel (qui signifie *Intelligence Quotient*). Proche de la très commerçante Via Nazionale, cet hôtel affiche un look contemporain pour un très bon rapport qualité/prix. Modernes et fonctionnelles, les chambres sont meublées sobrement. Pour 3 personnes, l'hôtel dispose de *Double room* avec un grand lit et un canapé-lit ou des *Triple rooms* avec un grand lit et un lit simple (ou 3 simples). Avec 2 enfants, réservez une *Family room* (23 m^2) avec grand lit, lit individuel et canapé-lit ou avec 3 lits individuels et un canapé-lit. De nombreuses attentions agréables : distributeurs de boissons et snacks à prix raisonnables, buanderie avec machines à pièces, micro-ondes, distributeur d'eau chaude, fitness, sauna. Et le must : le toit-terrasse abritant un bar sympa, une aire de jeux (toboggan et balançoire) et un baby-foot, de quoi réunir toute la famille à l'heure de l'apéritif.

Hotel Forum

Via Tor de' Conti, 25-30 •
M Cavour (5 min) •
hotelforumrome.com • 06 679 2446
€€€ • 80 ch.
Plan p. 48-49 2 C3

Situation idéale en face du Forum pour cet hôtel qui a pris possession d'un édifice datant du XVIIIe siècle. La décoration des parties communes et des chambres est opulente : boiseries, tapis persans, rideaux, tissus luxueux, miroirs... les salons et le bar ont des allures de club pour gentlemen. Pour les chambres, vous avez le choix entre une *Classic triple* (2 ou 3 lits) ou une *Superior double* avec un lit supplémentaire. Les chambres familiales sont composées de 2 chambres communicantes et peuvent accueillir jusqu'à 6 personnes. Le top du top, c'est la superbe terrasse panoramique offrant une vue magnifique qui embrasse le Colisée, le Vatican et le Forum. On peut y prendre simplement un verre ou son petit déjeuner. Faites-vous le plaisir – certes coûteux – de venir dîner dans le cadre feutré du Rooftop Restaurant face aux lumières de la Ville éternelle. À tarif plus raisonnable (25 €), un buffet est proposé à l'heure du déjeuner.

Nerva boutique hotel

Via Tor de' Conti, 3-4 •
M Colosseo, Cavour (7 min) •
hotelnerva.com • 06 678 1835
€€€ • 19 ch.
Plan p. 48-49 3 C3

Récemment rénové, ce petit hôtel à l'ambiance sympathique occupe une situation idyllique, face aux forums impériaux. Les chambres sont modernes et très confortables. Pour les chambres triples ou quadruples, les lits sont dans le même espace. Quant aux *Junior* suites avec mezzanine, elles peuvent accueillir jusqu'à 5 personnes. Le petit déjeuner est servi dans l'espace-bar.

Best Western Premier Hotel Royal Santina

Via Marsala, 22 • M Termini (1 min) •
hotelroyalsantina.com • 06 448 751
€€€ (2) • 118 ch.
W R Plan p. 48-49 6 F1

Cet hôtel classique et moderne est situé en face de la gare Termini, un quartier un peu excentré, mais bien desservi par les transports. Il correspond aux standards internationaux d'un hôtel d'affaires de bonne catégorie, mais les enfants n'ont pas été oubliés pour autant. Une formule “Love promise for kids” est proposée pour un supplément de 20 € (par séjour). Elle comprend la mise à disposition d'une PlayStation, d'un grand choix de dessins animés dans le menu vidéo, d'un lecteur DVD pour regarder leur film préféré ainsi que d'un menu spécial pour le petit déjeuner. Pour 3 ou 4 personnes, vous pouvez réserver une chambre triple (avec grand lit et lit simple) ou 2 chambres communicantes (avec grand lit et lits jumeaux).

VATICAN

Ici vous serez au calme, loin des nuisances inhérentes à l'animation nocturne du centre historique. Le métro vous permettra aisément de vous déplacer dans toute la ville. Cette zone comprend le Vatican, le quartier résidentiel Prati et celui très pittoresque du Borgo, situé entre Saint-Pierre et le château Saint-Ange.

Hotel Columbus

Via delle Conciliazione, 33 •
M Ottaviano San Pietro (5 min) •
hotelcolumbus.net • 06 686 5435
€ • 92 ch.
R Plan p. 68 1 D3

Logé dans un ancien couvent du XVe siècle, à proximité de la basilique Saint-Pierre et du château Saint-Ange, l'hôtel Colombus possède des parties communes décorées avec faste : fresques du Pinturicchio sur les murs et les voûtes, meubles et antiquités, tableaux… Les chambres contrastent et même déçoivent par leur simplicité, leur atmosphère vieillotte et leur ameublement sommaire. Les quadruples (25 m^2) peuvent accueillir 2 adultes et 2 enfants. Selon la saison, vous pouvez dîner dans le restaurant intérieur ou dans les jardins.

Hotel Adriatic

Via G. Vitelleschi, 25 • M Ottaviano San Pietro (5 min) • adriatichotel.net • 06 6880 8080
€ • 42 ch.
W Plan p. 68 4 D3

Un hôtel petit budget sans charme mais accueillant et propre que nous avons choisi pour ses tarifs attractifs et sa situation, à 300 m de la basilique Saint-Pierre et du château Saint-Ange. Les chambres, dont certaines ont vue sur le château, sont simples et spacieuses. Pour les familles, l'Adriatic dispose de chambres triples ou quadruples ; pour quelques euros de plus, vous pouvez réserver 2 chambres doubles (20 m^2). Il n'y a pas de service de petit déjeuner, mais le quartier regorge de petits cafés. Pour la climatisation, comptez un supplément de 10 € par jour. Agréable terrasse aménagée sur le toit.

Hotel Colors

Via Boezio, 31 • M Ottaviano San Pietro (10 min) • colorshotel.com • 06 6874 4030
€ • 21 ch.
W Plan p. 68 6 E2

Ambiance sympathique pour cet hôtel petit budget qui se trouve dans le quartier Prati à 5 min du Vatican. La déco s'appuie, vous l'avez deviné à son nom, sur une palette de couleurs vives qui donnent une atmosphère particulièrement chaleureuse aux parties communes et aux chambres. Une terrasse sur le toit vient compléter ce portrait. Petites mais propres et correctes, la triple (14 m^2) comprend un grand lit et un lit individuel et la quadruple (16 m^2) est dotée d'un grand lit et de 2 lits simples. Nos conseils, lors de votre réservation, évitez la chambre n° 1 située près de la réception ; descendez prendre le petit déjeuner assez tôt, car la salle est très petite.

Comics Guesthouse

Viale Giulio Cesare, 38 • M Lepanto (5 min) • comicsguesthouse.it • 06 9437 9873
€ • 6 ch.
W K Plan p. 68 8 E1

Un séjour au Comics Guesthouse, c'est comme tourner les pages d'une BD, c'est comme entrer dans un dessin animé. Ici, Betty Boop, Spider-Man, Super Mario Bros ou les Simpson s'affichent sur les murs du salon et des couloirs et ornent les couettes des chambres de ce B&B original. À la réception, les enfants pourront jouer : console wi-fi, PlayStation, borne Internet… Les plus grandes chambres sont équipées d'un lit double (ou de lits jumeaux) et de lits superposés. Si vous voyagez avec des ados, n'hésitez pas à prendre 2 chambres (comptez 70 € par chambre). Il n'y a pas de service de petit déjeuner, mais des distributeurs de boissons et snacks. Nombreux restaurants et cafés à proximité.

Trianon Borgo Pio

Piazza delle Vaschette, 13 • M Ottaviano San Pietro (5 min) • trianonborgopio.com • 06 6860 0849
€€ • 45 appart.
K Plan p. 68 3 D3

Cet appart-hôtel situé dans une rue calme du quartier de Borgo Pio, aux portes du Vatican, propose des appartements fonctionnels avec cuisine équipée dont les catégories portent des noms de Romains célèbres, grandeur de Rome oblige. Romolo prévu pour 3 à 4 personnes (60 m^2), Augusto pour 5 à 6 (85 m^2) et Cesare pour 7 à 8 personnes (en fait 2 appartements avec entrée commune, mais séparés à l'intérieur). Une formule séduisante pour ceux qui aiment leur indépendance tout en bénéficiant de services hôteliers (pas de service de petit déjeuner). À disposition : espace détente avec TV, distributeurs de boissons et snacks, petite salle de gym. La vue du toit-terrasse offre un panorama à 360° sur Rome et une vue unique sur le Vatican.

Infinity Hotel St Peter

Via Catone, 34 • M Ottaviano San Pietro (5 min) • infinityhotelstpeter.it • 06 397 35082
€€ • 24 ch.
W Plan p. 68 5 D2

Dans le quartier Prati, à l'ombre du Vatican et de la place Saint-Pierre, qui se trouvent à 500 m, l'Excel Rome St Peter est un hôtel moderne qui a ouvert ses portes en 2010. Une atmosphère contemporaine, des tons clairs ponctués de plantes vertes et de meubles de couleur foncée s'intègrent au charme d'un édifice historique. Mobilier simple, parquet de bois sombre, murs beige rosé habillent agréablement les chambres. Les familles peuvent choisir entre les triples *Superior* (19 m^2) et les *Family* (21 m^2) avec lit double et canapé-lit, donnant sur la cour intérieure et équipées de literie hypoallergénique. Service, accueil, confort, petit déjeuner inclus sont autant d'atouts pour cet hôtel au bon rapport qualité/prix.

Visconti Palace Hotel

Via Federico Cesi, 37 • B Piazza Cavour (4 min) • viscontipalace.com • 06 3684
€€€ • 242 ch.
Plan p. 68 7 F2

Ce grand hôtel moderne est situé à 2 pas du château Saint-Ange et de la Via del Corso avec ses nombreux commerces et restaurants. La décoration résolument contemporaine est à la fois sobre et colorée avec quelques œuvres d'art exposées dans les parties communes. Le café ouvre ses portes pour le petit déjeuner. Le bar, le patio jardin et la terrasse panoramique au 7e étage vous accueillent pour boire un verre ou grignoter un snack. En été, des barbecues sont organisés sur la terrasse. Spacieuse et lumineuse avec de grandes baies vitrées, la *Family suite* peut accueillir 2 adultes et 2 enfants dans une superficie de 30 m^2 (lit double et canapé-lit) ou 2 chambres communicantes si vous êtes accompagnés d'ados.

Hotel della conciliazione

Via Borgo Pio, 163/166 •
M Ottaviano (8 min) •
hotelconciliazione.it • 06 6875400
€€€€ • 67 ch.
Plan p. 68 2 D3

Situé dans la rue piétonne Borgo Pio, à 2 pas de la basilique Saint-Pierre, cet hôtel de luxe bénéficie d'une position centrale pour visiter à pied le centre historique tout en restant dans un quartier calme en soirée. L'établissement a été entièrement rénové, au printemps 2015, avec une décoration raffinée et du mobilier italien artisanal. Les chambres disposent d'une excellente literie.

Pour les familles, l'hôtel dispose de quelques chambres triples et quadruples (un lit double et 2 lits individuels). Le personnel parle français et sera à votre écoute pour vous aider et vous conseiller.

TRASTEVERE

Le pittoresque Trastevere aux ruelles pavées abritait de nombreux couvents qui ont été convertis en petites unités hôtelières pleines de charme. Réservez à l'avance car ils sont vite complets, notamment en haute saison. Ce quartier est très animé le soir avec des restaurants et des bars où se retrouvent Romains branchés et touristes. À éviter si vous avez le sommeil léger.

Worldotel Ripa Roma

Via degli Orti di Trastevere, 3 •
T Bernardino da Feltre (2 min) •
worldhotelriparoma.com • 06 58611
€€ • 197 ch.
W R **Plan p. 74 1 E3**

Cet établissement moderne, entièrement rénové, est situé dans une zone un peu excentrée. La réception, les salons et les restaurants vous accueillent dans un univers immaculé ponctué de touches de couleurs. L'atmosphère un peu froide n'en fait pas un endroit très chaleureux, mais il plaira aux amateurs de décor contemporain. Meubles design et lignes sobres ont été choisis pour la décoration des chambres, spacieuses. 2 catégories sont plus particulièrement destinées aux familles, les *Family rooms* de 35 m^2 (avec canapé-lit) et les *Family suites* de 75 m^2 composées de 2 chambres et ouvrant sur une terrasse. Le soir, le quartier est quasiment mort, donc à moins de dîner au restaurant de l'hôtel, il vous faudra vous déplacer pour dîner (10 min en taxi pour rejoindre le centre-ville).

Residenza Santa Maria

Via Dell'arco Di San Calisto, 20 • T Trastevere-Mastai (5 min) • residenzasantamaria.com • 06 5833 5103
€€ • 6 ch.
W Plan p. 74 2 E1

Bel immeuble du XVIIIe siècle abritant un petit hôtel à l'ambiance familiale qui s'apparente plutôt à un B&B. Plafonds voûtés, arcs en pierre, fresques, cour intérieure donnent un charme particulier à cet établissement tout en rez-de-chaussée. Hautes de plafond, mais avec de petites ouvertures (couvent oblige), les chambres sont petites et sombres, mais fraîches l'été. Certaines donnent sur la cour ou sur la rue. La quadruple (16 m^2) est la plus agréable avec un grand lit et 2 lits individuels. Des vélos, pour les plus de 12 ans, sont mis gratuitement à disposition des hôtes.

Hotel Santa Maria

Vicolo Del Piede, 2 • T Trastevere-Mastai (5 min) • hotelsantamariatrastevere.it • 06 589 4626
€€ • 18 ch.
W Plan p. 74 3 E1

Cet ancien cloître du XVIe siècle est devenu un hôtel qui fait beaucoup penser, par sa structure, à une hacienda mexicaine. Les chambres, toutes de plain-pied, s'organisent autour d'un vaste jardin planté d'orangers et d'essences méditerranéennes. Un lieu rafraîchissant et tranquille pour prendre son petit déjeuner aux beaux jours. Les chambres décorées simplement sont d'un confort standard. Le Santa Maria offre plusieurs possibilités d'hébergement avec 2 chambres, idéales pour les familles : la *Junior suite* ou la *suite Mansarda* située sous les toits avec des Velux, et la *Junior suite Mansarda* et la *Senior suite,* en duplex, donc très spacieuses mais pas très adaptées avec des enfants en bas âge. Des vélos pour les plus de 12 ans sont mis à disposition gratuitement.

Casa San Giuseppe

Viccolo Moroni, 22 • T Belli (7 min) • casasangiuseppe.it • 06 5833 3490
€€ • 29 ch.
Plan p. 74 4 E1

Sur les rives du Tibre, cet ancien couvent reconverti en un petit hôtel au confort standard, est situé à 200 m de la Piazza Trilussa, une place très animée. Ses tarifs intéressants incluent le petit déjeuner. Sa situation et ses prestations simples et correctes en font un établissement présentant un bon rapport qualité/prix. Les chambres sont décorées sobrement et équipées du minimum nécessaire. Celles situées dans les étages supérieurs offrent une belle vue sur les toits de la ville. Les quadruples (29 m^2) sont aménagées en fonction de vos besoins : lit double, lit simple ou canapé-lit. À vous de choisir !

Trilussa Palace Hotel Congress & Spa

Piazza Ippolito Nievo, 25-27 • T Piazza Ippolito Nievo (2 min) • trilussapalacehotel.it • 06 588 1963
€€ • 197 ch.
W Plan p. 74 7 D3

Situé à l'écart du centre du Trastevere, dans une zone résidentielle, le Trilussa propose un cadre élégant et classique. Le must : son jardin suspendu posé sur le toit (au 8e) orné de citronniers et éclairé de torches en soirée offrant un panorama magique sur la ville. Décoration style Louis XVI pour les chambres, marbres précieux pour les salles de bains. Vous aurez le choix entre la chambre familiale (21 m^2) et, pour une dizaine d'euros supplémentaires, l'*Executive superior* (26 m^2), équipées d'un grand lit double et d'un canapé-lit. Si vous privilégiez espace et intimité, optez plutôt pour 2 chambres doubles classiques communicantes. Il existe aussi 2 appartements situés à proximité avec accès aux installations de l'hôtel. Côté détente, un spa est à la disposition des parents.

Donna Camilla Savelli

Via Garibaldi, 27 • B Garibaldi/Panieri (2 min) • hoteldonnacamillasavelli.com • 06 588 861
€€€€ (2) • 78 ch.
R Plan p. 74 5 D1

D'importants travaux ont transformé ce monastère du XVIIe siècle en un hôtel de luxe que l'on découvre au détour d'une ruelle pavée, très typique du quartier. Façade, jardin, fontaines, cloître, voûtes, boiseries et corridors ont été parfaitement restaurés et illustrent la richesse du baroque italien en donnant aux lieux un charme totalement unique. Le petit déjeuner (inclus) est servi dans l'ancien réfectoire ou dans le jardin. Toutes différentes, les chambres sont sobres et décorées de meubles anciens. Notre préférence va aux chambres *Executive* situées dans les étages supérieurs, car elles offrent une jolie vue sur le jardin et la ville.

La chambre triple classique peut héberger 3 personnes et un enfant de moins de 3 ans. Au-delà de ces critères, la réservation de 2 chambres devient nécessaire. L'hôtel dispose d'une terrasse panoramique avec un jardin planté de magnolias, de camélias et de jasmin.

Grand Hotel del Gianicolo

Vialle delle Mura Gianicolensi, 107 • T Trastevere-Min. P. Istruzione (15 min) • grandhotelgianicolo.it • 06 5833 5522
€€€€ (2) • 48 ch.
P Plan p. 74 6 D2

Posé sur la colline du Gianicolo, dominant le Trastevere, l'hôtel occupe une situation privilégiée, avec de grands jardins et une vue panoramique sur Rome. Bien que les prestations ne présentent pas tout à fait ce que l'on peut attendre d'un 4 étoiles, nous l'avons retenu pour sa piscine extérieure avec terrasse et transats, ce qui est rarissime à Rome. Vu son éloignement des transports en commun, il conviendra à ceux qui considèrent que la piscine est un incontournable de leur séjour. Les doubles (16 m^2), décorées en style Renaissance sont un peu défraîchies et certaines assez sombres. Pas de chambre familiale, il vous faudra donc réserver 2 chambres communicantes. Si l'établissement possède une piscine, faites attention car elle ferme vers 19h et le port du bonnet est obligatoire (achetable sur place pour 5 €).

BORGHESE

Situé au nord de la ville avec la villa Borghese et son vaste parc comme point d'orgue, nous avons choisi ce quartier pour son cadre relaxant et verdoyant. Cette zone résidentielle est en effet très calme comparée au centre-ville. Cependant, c'est assez excentré et séjourner ici vous demandera plus de trajets à effectuer pour les visites. Tous les hôtels sélectionnés sont proches des transports en commun. Si vos bouts de chou montrent un peu de fatigue, sachez profiter des plaisirs bucoliques du quartier (balade, promenade en barque).

Albani Hotel Roma

Via Adda, 45 • T Buenos Aires (4 min) • albanihotels.com • 06 84 991
€ • 155 ch.
W R Plan p. 80-81 3 E3

Avec sa façade moderne, sa vaste réception dominée par une coupole de verre et ses tonalités pastel, l'Albani affiche son caractère original. La décoration, aux influences Art déco, a tout misé sur les couleurs : gris perle, corail, bleu, parme, vert amande et beige rosé se marient dans une atmosphère moderne. Spacieuses et confortables, les chambres familiales (33 à 37 m^2) prévues pour 3 ou 4 personnes sont équipées de lit double et/ou de lits simples. Pour réserver une *Junior suite* (30 m^2) pour 3 personnes ou une suite (40 m^2) avec une chambre (lit double) et un salon séparé (canapé-lit) pour 4 personnes, il vous faudra contacter directement l'hôtel, car ces catégories ne sont pas réservables en ligne. Certes, sa situation est assez excentrée, mais le centre de Rome n'offre malheureusement pas ce genre de prestations (modernité et confort à prix raisonnables).

Rome Garden Hotel

Via Nomentana, 28 • M Policlino (10 min) T Regina Margherita-Nomentana (3 min) • romegardenhotel.com • 06 4425 2049
€ • 34 ch.
Plan p. 80-81 4 E4

Cette élégante villa du XIXe siècle a été reconvertie en un hôtel assez bon marché – mais tout est bien sûr relatif à Rome ! Ce petit établissement à l'ambiance familiale offre des chambres simples et décorées dans un style classique, avec au choix des triples ou des quadruples selon vos besoins. Très appréciés, le petit jardin et sa terrasse aménagée offrent transats, fauteuils, tables et chaises. Nombreux restaurants sur la Porta Pia et la Via Alessandria, situées à proximité.

Hotel Fenix

Viale Gorizia, 5 • M Sant' Agnese (10 min) • www.fenixhotel.it • 06 8540741
€ • 73 ch.
W R Plan p. 80-81 5 G3

Niché dans un grand jardin, le Fenix est un charmant établissement offrant de bonnes prestations à prix raisonnables. Les *Junior suites* (25 m^2) proposent, dans le même espace, un lit double et un canapé-lit. Les *suites* (30 m^2) disposent d'une chambre (grand lit) et d'un salon séparé (canapé-lit). Petit luxe : des baignoires à remous ! Des peluches sont prêtées aux enfants en bas âge pour qu'ils fassent de jolis rêves. Aux beaux jours, un buffet est dressé dans le jardin pour le petit déjeuner. L'hôtel dispose aussi d'un restaurant qui, dès que le temps le permet, s'installe dans le jardin pour le dîner.

Aldrovandi Residence City Suites

Via Ulisse Aldrovandi, 11 • T Aldrovandi (2 min) • aldrovandiresidence.it • 06 3221430
€€ • 40 appart.
W K P Plan p. 80-81 1 C3

Dans le quartier résidentiel de Parioli, derrière son élégante façade du XIXe siècle, cette résidence abrite des appartements fonctionnels et modernes bénéficiant de prestations hôtelières comme le ménage quotidien (sf di et j. fériés) et le changement de draps 2 fois par semaine. Spacieux, ils sont tous équipés d'un coin kitchenette dans l'espace salon/salle à manger. Vous pourrez choisir une *Junior suite* (50 m^2), avec une chambre (lit double) et un canapé-lit pour 1 personne dans le salon, ou une *Maxi senior suite* (90 m^2) dont 2 sont en duplex avec 2 chambres (un lit double et 2 lits simples) parfaites pour les familles de 3 ou 4 personnes. L'été, une piscine (10h-18h30) entourée d'une terrasse équipée de transats offre d'agréables moments de détente. Le bar de la piscine propose boissons et snacks à déguster au bord de l'eau, procurant un petit air de vacances balnéaires.

Hilton Garden Inn Roma Claridge

Viale Liegi, 62 • T Rossini (2 min) • hotelclaridgerome.com • 06 845 441
€€€ (2) • 93 ch.
W R Plan p. 80-81 2 D2

Implanté dans le quartier de Parioli, cet établissement moderne est entouré de prestigieuses voisines (les villas Borghese et Ada). Réception, salon et restaurant sont tout de blanc parés et portent la griffe d'un style contemporain. Les chambres, avec lit double (*queen* ou *king*) ou lits jumeaux, sont décorées de meubles en bois clair et le parquet habillé de jolis tapis au design moderne. Vous pouvez réserver 2 chambres communicantes (18 à 20 m^2), mais si la *Junior suite* (40 m^2 avec canapé-lit dans l'espace salon) vous tente, vous devrez contacter directement l'hôtel car on ne peut pas la réserver en ligne. Restaurant et centre de fitness viennent compléter ces prestations de bonne qualité à prix raisonnables.

DES HÔTELS POUR FAIRE DES SPLASHS

Après une journée de visites, que diriez-vous d'emmener votre couvée s'ébattre dans l'eau? N'oubliez pas vos maillots de bain dans la valise! Rome compte peu d'hôtels avec piscine mais en voici 2:

- Grand Hotel del Gianicolo p. 187
- Aldrovandi Residence City Suites p. 188

ROME

On fait comment ?

Pages réservées aux parents !

Elles ne sont pas interdites à nos plus jeunes lecteurs mais, soyons honnêtes, cela risque de leur sembler plutôt ennuyeux. L'organisation étant la base d'un séjour réussi, voici des informations pratiques pour faire de votre voyage à Rome en famille un succès !

FORMALITÉS D'ENTRÉE

Les ressortissants de la Communauté européenne et les Suisses n'ont pas besoin de visa, mais doivent être en possession d'une carte d'identité ou d'un passeport en cours de validité.

À noter : si l'enfant est mineur et voyage sans ses parents, il lui faudra une carte d'identité ou un passeport à son nom.

ARRIVÉE

EN AVION

Rome est desservie par deux aéroports reliés au centre-ville par les transports publics.

Fiumicino

• **EN TRAIN** • Le **Leonardo Express** est le plus simple et le plus rapide pour rejoindre la gare Termini, en centre-ville. Il fonctionne de 6h28 à 23h28, sens Fiumicino-Rome Termini. De 5h35 à 22h35, sens Rome Termini-Fiumicino. Départs toutes les 30 min en journée. 14 €, **trenitalia.com**

Autres trains – Pour rejoindre les gares du Trastevere, d'Ostiense et de Tiburtina : ce sont des omnibus, nécessitant un trajet plus long, mais avec des arrêts peut-être plus proches de votre hébergement. Suivez les panneaux Railway-Stazione.

• **EN BUS** • **Le Shuttle** – Navette directe jusqu'à la place Cavour (proche Vatican) et Termini. Suivre les panneaux BUS, au fond du terminal 3. 6 €, **sitbusshuttle.com**

Le bus Terravision – Liaison directe avec la gare Termini. Départ toutes les 30 min en journée. Trajet 55 min. 5 € (4 € sur Internet, gratuit – 4 ans), **terravision.eu**

• **EN TAXI** • Forfait de 48 € jusqu'à quatre personnes avec bagages pour le centre de Rome. Comptoir de taxis à l'intérieur du hall, ne prenez pas de taxi non officiel.

Ciampino

• **EN BUS** • Pour rejoindre Rome depuis Ciampino, le plus simple est d'utiliser les bus qui desservent la gare Termini. Départs toutes les 30-45 min environ. Durée du trajet 40 min. À partir de 4 €, **atral-lazio.com**, **sitbusshuttle.com**, **terravision.eu**, **www.cotralspa.it**

• **EN TAXI** • Forfait de 30 € jusqu'à quatre personnes avec bagages pour le centre-ville. Comptoir de taxis à l'intérieur du hall, ne prenez pas de taxi non officiel.

EN TRAIN

Pour rejoindre Rome en train, vous disposez de deux prestataires. La **SNCF** pour des trajets de jour ou de nuit, ou la société privée **Thello** qui propose des trains de nuit. Pour ces deux compagnies, les trains sont au départ de Paris et de Dijon. Les tarifs sont d'autant plus intéressants si vous vous y prenez longtemps à l'avance. Vous devrez changer de train à Milan pour arriver à la gare Termini de Rome. Elle se situe au centre-ville et vous trouverez de nombreux bus, trams et lignes de métro pour rejoindre votre hébergement.

EN VOITURE

Rome est une grande capitale saturée de voitures. La circulation aux abords est toujours difficile et le centre est en ZTL (zone à trafic limité), c'est-à-dire interdit aux voitures non autorisées. Pas de chance, c'est votre cas ! Il faudra trouver un parking en périphérie puis rejoindre le centre par les transports en commun (bus ou trams).

TRANSPORTS

Les transports en commun à Rome sont bien organisés, du moins autant qu'ils peuvent l'être pour une ville dont le sous-sol est truffé de vestiges archéologiques. Hors de question d'y percer des tunnels pour le métro ou d'abattre un bâtiment pour faire passer le tram. Pour le métro, les bus ou les trams, il existe des tickets simples à 1,50 € pour un trajet de 1 h 40 (y compris avec changement). Ensuite, vous trouverez tout un choix de tickets pour un, trois ou sept jours. Les transports en commun sont gratuits pour les enfants de – 10 ans. Les billets s'achètent avant de monter, dans les débits de tabac ou dans les distributeurs automatiques (dans les stations de métro). Les bus, trams et métros sont aussi accessibles gratuitement avec les cartes Roma Pass (voir p. 195) et l'Omnia Vatican (voir p. 196).

MÉTRO

Rome possède deux lignes de métro qui se croisent à la gare Termini. Elles contournent le centre sans y pénétrer. C'est le moyen le plus efficace de se déplacer. La ligne A dessert entre autres le Vatican, Spagna, Termini et Saint-Jean-de-Latran. La ligne B : le quartier de l'EUR, le Colisée, Termini, Barberini.

BUS ET TRAMS

Rome est largement desservie par des bus et des tramways qui rejoignent tous les quartiers et le centre-ville. Un bon point à la ville de Rome pour ses lignes de bus électriques, très utiles par exemple pour se rendre à l'intérieur de la villa Borghese (le parc) et pour visiter la Galleria du même nom (le musée). Un seul point noir, cependant : les bus sont très souvent bondés.

TAXIS

Il existe à Rome de nombreuses stations de taxis, aux gares et aux abords des grands sites. L'enseigne allumée indique que le taxi est libre. Le compteur démarre avec une prise en charge de quelques euros. Celui-ci doit afficher le tariffa 1 (le tariffa 2 s'appliquant quant à lui à l'extérieur de la ville). Préférez un taxi positionné à l'emplacement qui lui est réservé et qui porte l'écusson de la ville sur ses portes avant, plutôt que de céder aux charmes d'un rabatteur.

BUS TOURISTIQUES

Bien que Rome soit une ville qui se visite plutôt à pied, des compagnies de bus avec audioguides multilingues comme City Sightseeing (**city-sightseeing.com**) et Rome Open tour (**romeopentour.it**) proposent des formules en 24, 48 ou 72h avec une dizaine d'arrêts en *hop-on hop-off*, c'est-à-dire que vous montez et descendez autant de fois que vous voulez. Le City Sightseeing est plus cher mais les moins de 15 ans ne payent pas. Une 3e compagnie : Cristiana Open Bus est axé sur deux parcours pour découvrir les édifices majeurs de la chrétienté (**www.operaromanapellegrinaggi.org/it/roma-cristiana/open-bus**).

INFOS TOURISTIQUES

Il existe un accueil téléphonique pour tout renseignement touristique, hébergement, shopping, transports, événements culturels au 06 0608, accessible tlj de 9h à 21h. Accueil en plusieurs langues, dont le français. Vous trouverez également des kiosques d'informations touristiques (les PIT) situés à l'intérieur ou aux abords des grands sites touristiques. Tlj de 8h30-9h30 jusqu'à 19h ou 19h30, selon les lieux.

MUSÉES

Comme la ville de Paris est jumelée avec celle de Rome, les Parisiens bénéficient de la gratuité dans les musées municipaux (pas les musées d'État). À l'accueil du musée, on ne devrait vous faire aucune difficulté si votre adresse parisienne figure bien sur votre carte d'identité mais, parfois, on peut être face à un employé revêche. Bonne nouvelle, le jour de votre anniversaire, les musées d'État vous offrent une entrée. Certains musées sont gratuits le premier ou dernier dimanche du mois. Par exemple, les musées du Vatican sont gratuits le dernier dimanche du mois de 9h à 12h30. Les entrées du Colisée et du Forum romain sont gratuites les premiers dimanches du mois. Ces jours-là, nous vous conseillons d'arriver très tôt.

ÉGLISES

Rappelez-vous que les églises, même si on les visite en tant que musées, sont avant tout des lieux de culte. Prévoyez d'avoir toujours les épaules et cuisses couvertes (un bermuda est préférable au short), faute de quoi l'entrée pourra vous être refusée. Accès difficile le samedi (mariages) et le dimanche matin (messe).

ROMA PASS

Il existe deux cartes Roma Pass : le Roma Pass et le Roma Pass 48h. Elles sont très intéressantes pour les adultes si vous comptez faire de nombreuses visites de musées en deux ou trois jours, mais pas pour les enfants car l'accès à la plupart des musées est déjà gratuit pour eux.
Le **Roma Pass** permet une utilisation gratuite des transports en commun en ville et la gratuité dans les deux premiers musées de Rome que vous choisissez de visiter (sauf musées privés). De plus, pour ces deux premiers musées que vous visitez, la carte sert de coupe-file, ce qui est un avantage non négligeable. Vous bénéficiez également d'un tarif réduit dès le 3e musée visité. Le billet est valable jusqu'à minuit du 3e jour.
Le **Roma Pass 48h** concerne les mêmes musées et les transports en commun de Rome, mais sur une période de deux jours. Cependant, la gratuité n'est valable que sur le premier musée visité.
Les principaux musées de Rome font partie des Roma Pass, comme le Colisée, le Forum, la Galleria

Borghese, les musées du Capitole. Les Pass peuvent être achetés dans les points d'informations touristiques, à la gare, dans les aéroports ou en ligne (**romapass.it**). Attention, si vous achetez votre Pass en ligne, il ne sera actif qu'après un délai de cinq jours. Il sera à retirer impérativement dans le point d'informations touristiques que vous aurez choisi au moment de l'achat en ligne.
Prix : 36 € pour le Roma Pass ; 28 € pour le Roma Pass 48h

OMNIA VATICAN

L'Omnia Vatican Rome propose les mêmes avantages que le Roma Pass mais il inclut en plus les musées du Vatican (chapelle Sixtine comprise). Sa validité est de trois jours consécutifs. Le Pass permet aussi d'utiliser le bus touristique Cristiana Open bus (voir p. 194) Il offre un accès coupe-file (et gratuit) aux musées du Vatican et à deux autres musées de votre choix. Les enfants de moins de 10 ans ne payant pas le transport et bon nombre de musées offrant la gratuité pour les moins de 6 ans voire pour les moins de 18 ans pour certains, il n'est intéressant que pour les adultes, si vous avez prévu de visiter les musées du Vatican, au moins trois musées de la ville, de prendre les audioguides et d'utiliser le Cristiana Open bus. Attention, si vous utilisez votre pass pour la première fois à 17h le premier jour, ce jour sera comptabilisé comme le premier de votre pass de trois jours. L'Omnia Vatican Rome peut être acheté dans les bureaux de retraits près de la basilique Saint-Pierre (Piazza Pio XII, 9) ou Saint-Jean-de-Latran (Piazza di Porta S. Giovanni, 6). Vous pouvez aussi l'acheter en ligne (**romeandvaticanpass.fr**), mais il faudra vous rendre à l'une de ces deux adresses avec votre mail de confirmation pour retirer votre Pass.
Prix : 108 €

CROISIÈRE SUR LE TIBRE

Vous pouvez faire une croisière sur le Tibre d'une durée de 50 min environ avec commentaires en sept langues, dont le français. Les enfants adorent, même si la vue est souvent limitée. Il existe aussi une version *hop-on hop-off* valable 24h. Vous descendez et remontez où vous voulez. Du 1er avril au 31 octobre, deux lieux de départ : rive opposée au château Saint-Ange, départs toutes les heures à partir de 10h. Ou bien depuis l'île Tibérine, sur le Lungotevere degli Anguillara, côté Trastevere, départ toutes les heures passées de 35 min. Dernier circuit à 18h35 ou 19h et retour à 19h25 ou 19h50. Tarif adulte 12 €, enfant (11-16) 8 €, (–10) gratuit mais assis sur les genoux d'un parent, **battellidiroma.it**

GUIDES FRANCOPHONES

guiderome.com
laromedejulie.com
romeavolonte.com
siromemetaitcontee.com
lessecretsderome.com
(avec un choix de programmes spéciaux pour enfants)

SITES INTERNET

atac.roma.it (transports en commun)
coopculture.it
italia.it/fr
rome1.com
romepratique.com
www.ticketsrome.com/fr
turismoroma.it

VIE PRATIQUE

APPAREILS ÉLECTRIQUES

Les prises de courant se composent de trois fiches qui sont compatibles avec nos prises sauf celles de terre (pour les ordinateurs). Certains hôtels ont des adaptateurs, sinon vous en trouverez dans les supérettes. Voltage en 240 V.

BANQUES

Ouvertes du lundi au vendredi de 8h30 à 13h30 et la plupart de 14h30 à 15h30 ou 16h. Mais on trouve des distributeurs un peu partout en ville (DAB).

COUVERT PAYANT

Selon l'usage italien, au restaurant, le couvert, le pain et l'eau sont la plupart du temps payants.

FONTAINES D'EAU POTABLE

Rome étant la ville des fontaines, il est aisé de trouver de l'eau potable dans la rue. Les fontaines ont même été répertoriées sur iPhone, dans une application gratuite, **Acea – Rome-drops** (en italien, mais facile d'usage), qui permet de localiser la fontaine la plus proche. On trouve aussi des bouteilles recyclables *(eco-water)* en vente à 2 € sur les sites touristiques, parfaitement adaptées aux fontaines.

CANICULE

Il fait très chaud à Rome l'été. On peut, certaines années, voir le thermomètre dépasser les 35 °C en août. À éviter avec de jeunes enfants.

POUSSETTES

De très nombreuses rues sont pavées en centre-ville, prévoyez donc de bonnes chaussures et privilégiez les poussettes à grandes roues.

PICKPOCKETS

Bien sûr, comme dans toute ville qui attire des touristes, on peut craindre la présence de pickpockets dans les lieux les plus touristiques. Faites donc attention à vos appareils photo, sacs et portefeuilles. Évitez les alentours des gares la nuit et le bus n° 64 qui va de la gare Termini au Vatican.

TOILETTES

Il est difficile de trouver des toilettes publiques dans le centre de Rome. Sachez qu'il y en a sur la Piazza di Spagna (p. 44), près de la poste du Vatican, près des ascenseurs du Vittoriano (p. 56), dans la galerie commerciale Alberto Sordi (p. 162) et dans les grands magasins comme La Rinascente (p. 162 et 169) et Coin (p. 164, 166 et 169).

SANTÉ

Pensez à vous munir de votre carte européenne d'assurance maladie (la carte Vitale n'est pas reconnue). Elle vous permettra de bénéficier de tous les soins, aux mêmes conditions que les assurés du pays qui vous accueille. Attention : les enfants doivent posséder leur propre carte. L'ambassade de France publie une liste de médecins francophones à Rome : **ambafrance-it.org** (onglet Rome, puis voir adresses utiles). Vous trouverez des pharmacies ouvertes tlj 24 h/24 comme, par exemple, celle située entre le Campo dei Fiori et l'île Tibérine : Farmacia Arenula (via Arenula, 73). Mais il existe aussi un système de pharmacies de garde *(turni)*. Pour les connaître, appelez le + 39 06 22 8941.

URGENCES

112 C'est un numéro d'appel d'urgence européen à utiliser en cas d'accident, d'agression ou dans toute autre situation de détresse.
115 Les pompiers se nomment les *vigili del fuoco*. Ils interviennent en cas d'incendie exclusivement et ne sont ni équipés, ni formés pour d'autres interventions.
118 Numéro à appeler en cas d'urgence sanitaire.

Où est passé mon enfant ?
Donnez à l'ado ou accrochez autour du cou de votre enfant une carte avec votre adresse locale et votre numéro de téléphone portable sans le 0.
Ex. : pour le 06 xx xx xx xx en France, écrivez +33 6 xx xx xx xx.

Réponses aux jeux de piste

Regardons si vous avez trouvé toutes les bonnes réponses.

JEU DE PISTE 1

Du Capitole au Ghetto (p. 102)

1. Des oies
2. Michel-Ange
3. Blessé au combat
4. Une louve
5. Via dei Delfini
6. Quatre tortues
7. Des chats
8. Via della Reginella
9. Cinq étages (dont un sous les toits)
10. Ponte Fabricio
11. Deux
12. *Prigioni* signifie “prisons”

JEU DE PISTE 2

Du Circus Maximus au Trastevere (p. 111)

1. Via della Greca
2. Saint Pierre
3. 24 colonnes
4. Des oranges
5. Cinq étages à trois fenêtres
6. Cinq pattes
7. À ses créneaux
8. Un poète
9. 38

JEU DE PISTE 3

De la Piazza del Popolo à la Piazza Navona (p. 120)

1. Quatre lions
2. Santa Maria dei Miracoli
3. Des poupées
4. Ara Pacis Augustae
5. Forme ronde
6. Le lion
7. Deux anges
8. 11 colonnes
9. M. AGRIPPA. L. F. COS. TERTIVM. FECIT (traduction : Marcus Agrippa fils de Lucius, consul pour la troisième fois, le fit construire)
10. Une tête de cerf
11. La salamandre

LES PREMIERS MOTS

Oui : Si
Non : No
Merci : Grazie
S'il vous plaît : Per favore
Pardon, excusez-moi : Scusi
Bonjour : Buongiorno
Au revoir : Arrivederci
Bonsoir : Buonasera
Bon : Buon
Non je n'ai pas compris : No, non ho capito
Comment dit-on en italien... ? : Come si dice in italiano... ?
Tout va bien ? : Tutto bene ?
Bien, bon : Bene, buono
Mal, mauvais : Male, cattivo
C'est bon : È buono
Femme, épouse : Moglie, sposa
Mari : Marito
Fille : Figlia
Fils : Figlio
Mère, maman : Madre, mamma
Père, papa : Padre, papà

SHOPPING

Combien ça coûte ? : Quanto ("couanto") costa?
Qu'est-ce que c'est ? : Che cos'è?
Avez-vous... ? : Avete...?
Je l'achète : Lo compro
Acceptez-vous les cartes de crédit ? : Prende la carta di credito?
Ouvert : Aperto
Fermé : Chiuso
Plus grand : Più grande
Plus petit : Più piccolo
Je voudrais un paquet cadeau : Vorrei un pacco regalo

AU RESTAURANT

Petit déjeuner : Prima colazione
Déjeuner : Pranzo
Dîner : Cena ("tchéna")
Végétarien : Vegetariano
J'ai faim : Ho fame
J'ai soif : Ho sete
L'addition, s'il vous plaît : Il conto, per favore
Chaud : Caldo
Froid : Freddo
Un peu : Un poco, un pò
Beaucoup : Molto
Agneau : Agnello
Artichauts : Carciofi
Aubergines : Melanzane
Bière : Birra
Bœuf : Manzo
Café : Caffè
Chocolat : Cioccolato
Confiture : Marmellata
Courgettes : Zucchine
Eau plate : Acqua naturale
Eau gazeuse : Acqua frizzante
Fruit : La frutta
Frites : Patate fritte, patatine
Glaces : Gelato
Glaçons : Cubetti di ghiaccio

Jus : Succo
Lait : Latte
Œufs : Uovo
Pain : Pane
Poisson : Pesce
Poivre : Pepe
Pomme de terre : Patata
Porc : Maiale, carne suina
Poulet : Pollo
Salade : Insalata
Sel : Sale
Sucre : Zucchero
Thé : Tè
Veau : Vitello
Vin : Vino

SE DÉPLACER

Où est... ? : Dov'è...?
Billet : Biglietto
Train : Treno
Autobus : Bus
Métro : Metro
Aéroport : Aeroporto
Gare : Stazione
Station de métro : Fermata della metro

À L'HÔTEL

Départ : Partenza
Arrivée : Arrivo
Chambre : Camera
Réservation : Prenotazione
Calme : Calma, tranquilla
Étage élevé : Piano superiore
Rez-de-chaussée : Piano terra
Chambres communicantes : Camere comunicanti
Ascenceur : Ascensore
Petit déjeuner inclus : Colazione inclusa
Lit supplémentaire : Letto aggiunto
Lit pour bébé : Letto per bambino

SE REPÉRER

À gauche : A sinistra
À droite : A destra
Tout droit : Dritto
En haut : Sopra
En bas : Sotto
Loin : Lontano
Près, proche : Vicino
Long : Lungo
Court : Corto
Carte : Mappa
Information touristique : Informazione turistica
Musée : Museo
Banque : Banca
Poste de police : Commissariato di polizia
Hôpital : Ospedale
Docteur : Medico
Pharmacie : Farmacia
Restaurant : Trattoria, ristorante
Toilettes : Bagno, servizi
Rue : Via
Place : Piazza
Piscine : Piscina
Distributeur : Bancomat (DAB)
Sortie : Uscita

HEURE ET DATE

Quelle heure est-il ? : Che ore sono?
Aujourd'hui : Oggi
Hier : Ieri
Demain : Domani

Parler italien… avec les mains

Mais pour vraiment parler italien, il faut savoir aussi parler avec les mains ! Comme vous pourrez le constater, les Italiens accompagnent leurs propos de gestes, et même quand ils sont au téléphone et que leur interlocuteur ne les voit pas !

Des chercheurs ont recensé au moins 250 gestes à travers le pays et justifient cette pratique par le fait que les Italiens ont souvent été envahis. Ils auraient trouvé ainsi une façon un peu clandestine pour communiquer sans être compris par les occupants.

Prêt pour votre première leçon de “parler italien avec les mains” ?

À PLUS TARD
Faire un moulinet avec l’index

DÉLICIEUX
Embrasser sa main réunie en poire

QU’EST-CE QUE TU RACONTES ?
Agiter les doigts en poire devant soi

PERFETTO! TRÈS BIEN!
Écarter la main et faire un cercle avec le pouce et l'index

ÇA NE M'INTÉRESSE PAS, JE M'EN FICHE
Balayer le menton avec la main droite

CE QUE TU M'ÉNERVES!
Mordre sa main bien tendue

J'AI FAIM
Taper sa hanche avec la main tendue

BASTA! ÇA SUFFIT!
Les deux mains tendues devant soi, paumes vers le sol pour tracer une ligne droite

Index

Crédits iconographiques

Photos

A. Amat p. 83 (c) ; A. Ca' Zorzi p. 28 (a) ; A. Candido p. 69 (c) ; A. Kuzmin p. 31 (d) ; A. Kuznetsov p. 108 (c) ; A. Labella p. 93 (a) ; A. Mann p. 183 (a) ; A. Mendreck p. 15 (b) A. Øverland p. 30 (b) ; A. Piechorowska p. 109 (a) ; A. Placencia p. 111 (a) ; A._Mac p. 6 (a) ; Abiomax p. 67 (c) ; Africa p. 103 (a) ; Alessandro0770 p. 25 (a) ; Augmendy p. 86 (b) ; Auryndrikson p. 117 (a) ; B. Barillari p. 16 (b) ; B. Perry p. 96 (c) ; Belong p. 25 (d) ; Boccalupo p. 107 (b) ; Brad Pict p. 200 (a) ;C. Bosal p. 6 (b), p. 25 (b), p. 27 (e), p. 33 (c), p. 36 (c), p. 38 (a), p. 40 (b), p. 45 (a), p. 47 (b, c), p. 52 (a), p. 59 (b), p. 61 (c), p. 64 (c), p. 67 (d), p. 73 (a), p.75 (a), p.75 (c), p. 76 (a), p. 77 (a), p. 82 (c), p. 89 (a, b, c), p. 90 (b), p. 94 (a, b), p. 105 (a), p. 106 (a), p. 107 (c), p. 110 (b), p. 113 (b, c), p. 114 (a), p. 120 (a, b), p. 122 (a, c), p. 123 (a), p. 124 (a, b), p. 126 (b), p. 127 (a), ; C. Hepburn p. 115 (b) ; C. Line p. 43 (a) ; C. Santinon p. 114 (c) ; Cea p.79 (b) ; Ch. Flandrin p. 125 (a) ; Ch. Musat p. 104 (a) ; Chef p. 91 (b, c) ; Chrisharvey p. 89 (d) ; Chrisobayda p. 87 (b) ; Claudiozacc p. 118 (b) ; Collectmoments p. 87 (c) ; Creedline p. 5 (b), p. 69 (a) ; Cynoclub p. 11 (b) ; D. Ascione p. 14 (b, c) ; D. Guber p. 112 (c) ; D. Jarvis p. 71 (a), p. 103 (b) ; Dalbera p. 42 (c), p. 96 (b) ; Datacraft p. 106 (b) ; Datagraph p. 96 (a), p. 116 (b) ; Del Parco p. 101 (c) ; Dm7 p. 24 (c) ; DM7 p. 46 (a) ; E. Guilane p. 107 (a) ; E. Guilane-Nachez p. 4 (b), p. 8 (b), p. 11 (a), p. 42 (a), p. 47 (d), p. 111 (b) ; E. Hill p. 117 (c) ; E. Isselée p. 47 (a), p. 88 (b), p. 78 (a), p. 84 (a); E. Rensing p. 67 (a) ; Éléonore H p. 154 (a) ; Emanuele p. 36 (a) ; Exclusive-Design p. 130 (b) ; Fabiomax p. 4 (a), p. 10 (b), p. 108 (a) ; Faircloth p. 116 (a) ; Flavio p. 124 (c) ; Foundinbklyn p. 97 (c) ; Fourthandfifteen p.121 (b) ; Frankix p. 27 (b) ; Fred34560 p. 60 (a) ; Fulgido p. 54 (b) ; Fusolino p. 119 (c) ; G. Bioparco p.84 (b) ; G.Torresi p. 92 (b) ; GiampaoloS p. 15 (c) ; Gianp93 p. 44 (b) ; Grandeduc p. 112 (a) ; H. Neufeld p. 92 (a) ; H. Sousa p. 69 (b) ; HEN-Magonza p. 91 (a), p. 110 (a), p. 123 (b) ; Heywoody p. 41 (a) ; Hilverd p. 63 (b) ; I. Kalinin p. 40 (a) ; IK's World Trip p. 29 (d) ; Iofoto p. 38 (b) ; Isawnyu p. 55 (c) ; JT. Egge p. 109 (c) ; J-P Dalbéra p. 127 (b) ; J. Castro p. 115 (c) ; J. Elmslie p. 126 (c) ; J. Helland p. 26 (b) ; J. Karwoski p. 82 (a) ; Jabbusch p. 41 (c) ; Jp Dalbera p. 85 (a, b) ; K. Minga p. 17 (a) ; K. Wabro p. 57 (b) ; Kaelin p. 98 (a) ; Kreatiw p. 28 (d) ; L. Milasan p. 14 (a) ; L. Morante p. 33 (b) ; L. Mortula p. 31 (c) ; L'amande p. 11 (c) ; Lamio p. 102 (a) ; Leojones p. 61 (a) ; Lolo p. 72 (a) ; Lorie p. 95 (b) Lucazzitto p. 39 (c) ; Lucia p. 87 (a) ; Ludovic p. 102 (b) ; M. Aurele p. 117 (b) ; M. Beek p. 83 (a) ; M. Brenn p. 90 (a) ; M. D p. 30 (a) ; M. Desscouleurs p. 53 (b) ; M. Larese p. 99 (b) ; M. S_parcours p. 28 (e) ; Magalice p. 198 (a) ; Majeczka p. 5 (c), p. 12 (a), p. 32 (a) ; Manginbarca p. 94 (c) ; Marco2811 p.75 (b) ; MasterLu p. 39 (b) ; Mauriziosacco p. 105 (c) ; Maximus256 p. 93 (b) ; Mhln p.121 (d) ; Mi. Ti. p. 73 (c) ; Mihaela p. 100 (b) ; Montebelli p. 51 (c) ; Morane p. 5 (a), p. 8 (a), p. 53 (c) ; Mrakor p. 65 (a) ; MurielleB p. 5 (d) ; Muro p. 95 (a) ; Mythja p. 26 (c) ; N. Thompson p. 97 (a) ; N. Vòlare p. 55 (a, b) ; Nejron Photo p. 37 (b) ; NJ p. 29 (a) ; O. Dog p. 98 (c) ; O. Mark p. 174 (a) ; P. Debat p. 98 (b) ; P. Denker p. 125 (c) ; P. Pamphilj p. 37 (a) ; P. Theisohn p.121 (a) ; Pascal06 p. 113 (a) ; Pict Rider p. 105 (b) ; Pio3 p. 44 (a) ; Pixelshop p. 27 (d), p. 101 (a) ; Podoboq p. 56 (a) ; ; Prilfish p. 77 (b) ; Proxiquinhosilva p. 26 (a) ; Quid Novi p. 16 (d) ; R. Campo Dei Fiori p. 118 (a) ; R. Sedmáková p. 63 (c) ; R4all p. 116 (c) ; Rangizzz p. 66 (a) ; Rcx p. 60 (b) ; Redcollegiya p. 70 (c) ; ReplayAll p. 54 (a) ; Robybret p. 51 (a) ; S. Campagna p. 82 (b) ; S. Rahunoks p. 4 (c) ; S. Ramella p. 50 (b) ; Sarah-Rose p. 57 (a) ; Sashkin p. 64 (a) ; Scaliger p. 56 (b) ; Scanrail p. 31 (a) ; Sea Life Roma Aquarium p. 95 (c) ; Son of Groucho p. 26 (d) ; Spezz p. 16 (c) ; Sphraner p. 51 (b) ; Stefano6664 p. 71 (b), p. 108 (b) ; Styleuneed p. 112 (b) ; T. Darco p. 171 (a) ; T. Ferne p. 41 (b) ; T. François p. 131 (a) ; T. Huebert p. 114 (b) ; T. Rølvåg p. 119 (b) ; T. Shahan p. 126 (a) ; Tiseb p. 62 (b) ; Tiseb p. 63 (a) ; Truus p. 88 (a) ; Tsuneomp p. 50 (a) ; Unclesam p. 67 (b) ; Valiza14 p. 31 (b) ; Versae p. 29 (c), p. 61 (b), p. 115 (a) ; Villa_Farnesina p. 76 (c) ; Volff p. 154 (b) ; W. Galea p. 100 (c) ; W. Kusiak p. 176 (a) ; Whitney inchicago p. 42 (b) ; Y. Loukkale'sz p. 9 (a) ; Yellow.Cat p. 104 (b) ; Zakmc p. 12 (c) ; Zoomarine p. 100 (a)

Illustrations

Sauf mention contraire, toutes les illustrations de ce guide ont été réalisées par notre talentueuse dessinatrice lili Bé.

À VOTRE TOUR D'ÉCRIRE MAINTENANT !